电力企业员工场景化学习体系

王继承 赵双乔 杨晓艳 著

重庆大学出版社

图书在版编目(CIP)数据

电力企业员工场景化学习体系／王继承，赵双乔，
杨晓艳著. --重庆：重庆大学出版社，2022.5
ISBN 978-7-5689-3295-0

Ⅰ.①电… Ⅱ.①王… ②赵… ③杨… Ⅲ.①电力工
业—工业企业管理—职工培训—中国 Ⅳ.①F426.61

中国版本图书馆 CIP 数据核字(2022)第 083185 号

电力企业员工场景化学习体系

DIANLI QIYE YUANGONG CHANGJINGHUA XUEXI TIXI

王继承 赵双乔 杨晓艳 著
策划编辑:鲁 黎
责任编辑:文 鹏 石孝云 版式设计:鲁 黎
责任校对:王 倩 责任印制:张 策

*

重庆大学出版社出版发行
出版人:饶帮华
社址:重庆市沙坪坝区大学城西路 21 号
邮编:401331
电话:(023) 88617190 88617185(中小学)
传真:(023) 88617186 88617166
网址:http://www.cqup.com.cn
邮箱:fxk@ cqup. com. cn (营销中心)
全国新华书店经销
重庆长虹印务有限公司印刷

*

开本:787mm×1092mm 1/16 印张:8.75 字数:173 千
2022 年 5 月第 1 版 2022 年 5 月第 1 次印刷
ISBN 978-7-5689-3295-0 定价:58.00 元

前　言

市场竞争、技术变革以及全球化产业布局给企业的生存与发展带来前所未有的挑战，对于每一家企业来说，战略指向的正确性、员工管理行为及学习发展途径的有效性都显得尤为重要。因为企业员工是一切企业行为的最终载体与执行力量。

本书以电力企业员工为研究对象，提出构建员工胜任力模型的方法，并就胜任力模型在员工场景化学习发展体系中的应用进行研究。第一章对胜任力模型的背景与发展进行了概述。第二章至第四章从电力企业的员工组织架构出发，对不同职责的员工胜任力模型构建提出了方案。第五章与第六章对场景化学习在电力企业中的适用情景进行了研究。第七章分析了员工胜任力模型在场景化学习发展体系中的应用。

本书由王继承、赵双乔、杨晓艳撰写，书中结合了电力企业长期致力于人才管理与发展研究的成果，是一本集实用性、全面性于一体的胜任力实践手册。

本书在编写过程中，引用了部分相关的研究资料或文献，在此表示衷心的感谢。书中如有未尽之处，敬请广大同仁和读者批评指正。

编　者

2021 年 9 月

目　录

第一章 胜任力模型概述

本章首先基于两个方面论述了胜任力研究的背景;其次从理论和实践两个方面论述了电力企业构建胜任力模型的意义;最后对电力企业员工胜任力的研究现状和必要性进行讨论。

胜任力模型,就是个体为完成某项工作、达成某一绩效目标所应具备的系列不同素质要素的组合,分为内在动机、知识技能、自我形象、社会角色与特质等几个方面。这些行为和技能必须是可衡量、可观察、可指导的,并对员工的个人绩效以及企业的发展产生关键影响。本章主要对胜任力与胜任力模型进行详尽的介绍。

第一节 胜任力模型构建的背景和意义

一、胜任力模型构建的背景

(一)党的十八大提出人才发展战略

党的十八大报告强调,干部的选拔要坚持德才兼备、以德为先,坚持注重实绩、群众公认,深化干部人事制度改革,使各方面优秀干部充分涌现、各尽其能、才尽其用。习近平总书记在全国组织工作会议上也多次指出要努力做到选贤任能、用当其时,知人善任、人尽其才,把好干部及时发现出来、合理使用起来,对"怎样是好干部""怎样成长为好干部""怎样把好干部用起来"提出了一系列新理念和新要求,指出要着力培养选拔党和人民需要的好干部,建设一支宏大的高素质干部队伍。

2014年,中共中央印发了《党政领导干部选拔任用工作条例》修订版,修订版体现了中央对干部工作的新精神、新要求,是做好党政领导干部选拔任用工作的基本遵循,也是从源头上预防和治理选人用人不正之风的有力武器,主要强调各级党委及组织部门要坚持党管干部原则,坚持正确用人导向,坚持德才兼备、以德为先,坚持从严管理干部,优化干部选拔程序。

(二)电力企业人力资源管理水平有待提高

电力企业作为国有企业,长期以来一直在计划经济的体制下运作。虽然已经进行了一些管理体制的变革,但很多电力企业的人力资源管理还是停留在劳资、人事管理的阶段,存在着国有企业的诸多通病。对比国内外优秀企业,我国电力企业人力资源管理在许多方面还存在较大差距,主要表现在以下三个方面:

1. 人力资源管理理念落后,没有走出传统观念的误区

由于电力企业处于计划经济体制下的垄断地位,市场化程度低,没有建立起有效的人力资源管理机制,人力资源管理工作行政化、形式化问题严重,往往只是贯彻上级指令,缺乏创新意识。从管理的形式上来看,管理还是以"事"为中心,缺乏"以人为本,以能为本"的管理理念。

2. 没有重视管理层能力的提高

工作中只强调开发员工潜能,忽视了管理者自身能力的提高。"将帅无能,累及三军",如果管理者自身没有更新观念,只用老一套的方法、制度来要求员工,必将导致人力资源开发与管理工作陷入困境,企业发展困难重重。因此,选拔和培养优秀的管理人员是提高整个电力企业管理水平的有效措施和必要途径。

3. 存在"带病提拔""带病上岗"问题

目前电力企业还存在"带病提拔""带病上岗"问题,这也引发了电力企业对干部管理人员选拔的相关思考,在反思公司干部选拔规范化、流程化的基础上,应提高干部考察的科学性与有效性,进一步完善干部选拔任用机制,坚决防止和纠正"带病提拔""带病上岗"的问题。选准干部,选好干部,为公司打造"政治过硬、业务过硬、责任过硬、纪律过硬、作风过硬"的干部队伍夯实基础。

基于此,本书希望通过对国内电力企业进行现场访谈、问卷调研、资料研读等方式构建员工胜任力模型,力求通过构建员工胜任力模型,最大限度地解决电力企业目前存在

的人才选拔问题,杜绝"带病提拔""带病上岗"问题。基于胜任特征的战略人力资源开发研究是近 30 年来管理学、工业与组织心理学、人力资源管理等学科领域研究的热点问题。胜任特征的理论研究和实践应用风靡美国、英国等西方国家,许多著名公司如 A&T、IBM 等都已经建立起了自己的胜任特征体系。对北美企业的一项调查显示,将企业战略与胜任特征密切结合,并将胜任特征的概念应用到员工招聘、培训与开发、绩效管理等各个环节,其股东回报率是没有应用胜任特征的企业的 3 倍。

二、胜任力模型构建的意义

(一)丰富了国内胜任力理论体系和知识

目前国内外胜任力模型的研究已经具备一定的规模,但是针对电力企业的管理胜任力研究相对匮乏。而从已有的研究来看,大部分胜任力模型都聚焦于企业员工冰山下的潜能,较少关注冰山上的部分。本书旨在建立电力企业各级管理人员胜任力模型,在以潜能为主的基础上,兼顾冰山上的知识、技能部分,在一定程度上弥补了国内对电力企业胜任力研究的不足,丰富了国内胜任力理论体系和知识。

(二)有利于全面建设小康社会

人力资源是第一资源,人才发展是首要发展。我国已经提出到 2050 年基本实现社会主义现代化,这就要求必须从"人口红利"转向"人才红利",从"资本中国"转向"人才中国",从主要依靠简单的劳动投入和资源环境投入,向主要依靠科技创新、产业创新、管理创新以及体制机制创新转变。因此本书通过对胜任力模型构建的研究,从一个新的角度对人才进行管理,以期为我国电力企业选拔、任用、培养和考核企业人员提供指导,从而优化整个电力企业人才发展,为我国全面建设小康社会做出贡献。构建胜任力模型,大力培养造就高素质人才,是全面建设小康社会、开创中国特色社会主义事业新局面的必然要求,是构建社会主义和谐社会的有力工具。

(三)有利于电力企业人才发展

一个先进的管理胜任力模型能够作为组织从事员工培训、改善员工绩效水平,对员工能力进行定位以及其他人力资源管理的基础。

从电力企业的角度来看,胜任力模型是推进企业核心能力构建和进行组织变革、建立高绩效文化的有效推进器。有利于企业进行人力资源盘点,明晰目前能力储备与未来需求之间的差距。建立一套标杆参照体系,帮助企业更好地选拔、培养、激励那些能为企业核心竞争优势构建做出贡献的员工。可以更加有效地组合人才,以实现企业的经营目标。便于企业集中优势资源用于最急需或对经营影响重大的员工能力培养和发展,建立能力发展阶梯。便于企业内部人员的横向调动和纵向发展,可以更有效地进行员工职业发展路径的规划。

从企业管理人员的角度来看,胜任力模型为管理人员指明了努力的方向,使其明白做事方法与做事内容同样重要;了解自己与岗位要求的差距,明确培训需求,鼓励针对个人的技能增长进行激励,帮助员工更好地提高个人绩效;了解并融入与企业经营战略相一致的人力资源管理体系。

第二节　胜任力模型的特征

一、电力企业人员胜任力研究现状

(一)胜任力研究现状

胜任力模型属于现代企业人力资源管理的专有词汇,把担任某一个特定的任务角色必须具备的胜任力总和称之为"胜任力模型",胜任力模型就是对组织或者部门的绩效卓越者所需要的胜任力特征的书面表述。从方法论的角度将其定义为:从不同层次对员工核心能力进行定义和描述相应层次的行为,从而确定关键胜任能力和完成某项特定工作所需要的熟练程度。

有关员工胜任力的研究最早可追溯到"科学管理之父"泰勒对"科学管理"的研究,即"管理胜任力运动"(Management Competencies Movement,MCM)。泰勒通过动作分析,研究人的职业活动,识别工作对能力的要求和差异。他认为,可以按照物理学原理对管理进行科学研究,他所进行的"时间—动作研究"就是对胜任力的分析和探索。

20世纪60年代,美国国务院邀请麦克莱兰协助甄选年轻的外事情报官员,以期寻找新的研究方法以预测外事情报官员的绩效,减少传统智力和能力测试的偏见和误差。麦克莱兰首先把被测试的人员按照绩效分为表现优秀与表现平平两个组。然后采用行为事件访谈法(BEI)收集两个样本组中外事情报官的关键行为,根据这些行为得出外事情报官在对不同文化的人际敏感度、保持对他人的正向看法、快速地洞察政治人际网络三个胜任力关键要素上存在差异。通过对这些核心胜任力的准确把握，麦克莱兰帮助美国国务院提高了外交官选拔的准确性和有效性。

经过多年的研究和实践，麦克莱兰于 1973 年在《美国心理学家》杂志上发表了一篇具有颠覆性价值的论文——《测量胜任力而非智力》，正式将胜任力这一概念引入学术研究领域。在文章中，他引用大量的研究发现滥用智力测验来判断个人能力存在不合理性，他指出"学校成绩不能预测职业成功，智力和能力倾向测验不能预测职业成功或生活中的其他重要成就，这些测验对少数民族不公平"等，并进一步说明那些人们主观上认为能够决定工作成绩的一些人格、智力、价值观等方面因素，在现实中并没有表现出预期的效果。

麦克莱兰认为胜任力就是能将高绩效者与一般绩效者区分开来的，可以通过可信方式测量出来的动机、特质、自我形象、态度或价值观，或是某领域的知识、认知和行为技能。

麦克莱兰提出的胜任力概念成为心理学、人力资源管理、教育学等领域的研究热点之一，之后出现了大量相关研究，研究者们纷纷对胜任力进行界定。

1982 年，博亚特兹完成了第一本有关胜任力模型的著作《胜任经理人：一个高绩效模型》，他认为清楚地定义胜任力比强调导致优秀绩效个体的特征更有价值，清楚界定的胜任力在反映特别行为时可以清楚地定义绩效结果。他通过工作需要、组织所处环境、个人的胜任力三个影响绩效的层面扩展了胜任力模型，提出如果其中的任何两个方面是连续的或者恰当的，就可能达到有效的绩效，博亚特兹的管理胜任力模型表现的是个体执行工作和他的所处环境之间非常复杂的相互作用。在此基础上他提出了一个广为人知的"洋葱模型"，在模型中他把胜任力由内到外概括为层层包裹的结构，最核心的是动机、个性，中间层是自我形象、态度、价值观，最外层是知识、技能。越向外层，越易于培养和评价；越向内层，越难以评价和习得。

1993 年，斯潘塞夫妇在著作《Competence at Work：Models for Superior Performance》（才能评鉴法：建立卓越的绩效模式）中将麦克莱兰的胜任力概念梳理为著名的冰山模型。所谓冰山模型，就是将人员个体素质的不同表现划分为表面的"冰山以上部分"和深藏的"冰山以下部分"。

其中，"冰山以上部分"包括基本知识、基本技能，是外在表现，是容易了解与测量的部分，相对而言也比较容易通过培训来改变和发展。而"冰山以下部分"包括社会角色、自我概念、特质和动机，是人内在的、难以测量的部分，它们不太容易通过外界的影响而得到改变，但却对人员的行为与表现起着关键性的作用。冰山模型成为胜任力模型的理论基础。

阿尔法·阿斯克和沃特卢提出管理人员应具有的 5 项基本的胜任力包括概念技能与创造性、领导、人际技能、行政管理和技术。王白杜、Ninemeier、伍兹对美国俱乐部经理协会的从业者教育项目中的 CCM（certified club manager）考试内容进行分析，对那些被认为对于成功的俱乐部管理很重要的胜任力进行了再评价，得出最重要的和使用频率最高的 10 个胜任力，如预算、财政陈述、员工关系、沟通等。

我国学者对员工胜任力的研究最近几年才兴起，起步相对较晚。学者们对"competency"的翻译不尽相同，以王重鸣为代表的学者倾向于译为"胜任力"或"胜任能力"；而以时勘为代表的学者则将其译为"胜任特征"或"胜任素质"。

时勘主持的"企业高层管理者胜任特征模型的评价研究"科研项目获得了国家自然科学基金赞助奖。时勘教授的课题小组主要运用行为事件访谈法的原理，先由专家组确定效标样本的选择标准，根据标准在全国电信系统挑选了陕西、湖北、安徽、北京等地 20 名通信业高层（局级）管理干部，然后将所选的相关人员分成优秀组和普通组，由经验丰富的心理学工作者根据事先设计的行为事件访谈纲要对所选人员分别进行访谈。整个访谈过程采用双盲设计，即访谈者和被访谈者都不知道被访谈者是属于优秀组还是普通组。研究结果显示，我国通信业高层管理者的胜任力模型包括影响力、社会责任感、调研能力、成就欲、领导驾驭能力、人际洞察力、主动性、市场意识、自信、识人用人能力。

王重鸣、陈民科从管理素质和管理技能两个方面，对正、副总经理两类高层管理者的胜任力进行了区分。其中，总经理的管理素质包括价值倾向、诚信正直、责任意识和权利倾向，而副总经理的管理素质中并不包括诚信正直这项能力；总经理的管理技能包括协调监控、激励指挥、战略决策、开拓创新，而副总经理的管理技能则包括战略决策、经营监控和激励指挥。

姜海燕提出了评价体系的构建思路，并指出岗位胜任能力评价体系主要由评价主客体、评价标准、评价方法、评价尺度、评价过程、结果应用 6 个子系统组成。

（二）电力企业胜任力模型研究现状

在知识经济时代，企业竞争的核心是人才的竞争，另外，电力技术的快速发展对电力企业员工的能力提出了新的要求。这一目标要求电力企业人才评价体系对员工的能力进行定位，构建适应企业实际的评价体系，使组织能够得到有效而健康的发展。本书通过对电力评价体系的现状和发展进行深入分析，构建了一个"以员工为本，注重能力""一体化、精益化"的岗位胜任能力评价体系，以积极地、系统地推动电力企业人才建设科学有序开展。

受到传统人事管理思维局限性的影响,一些电力企业的岗位胜任能力评价体系建设不完善,存在着许多不足,主要表现在以下方面:

1. 尚未形成完整的岗位胜任能力评价制度配套体系

很多电力企业尚未编制岗位胜任能力评价管理制度,相应的奖惩、激励等配套制度尚不完整,企业在评价过程中,未能严格按照评价制度的规范进行操作,所以电力企业的评价制度还有待完善并加强执行力度。

2. 评价组织结构不清晰,职能不明确

首先,许多电力企业的岗位胜任能力评价组织沿用了原有的人力资源组织机构,导致各级机构的分工不明确;其次,作为评价实施的关键人员,评价专家队伍建设系统性不足,评价专家个人素质也有待提高;最后,各业务部门之间缺乏有效的沟通协调机制,影响评价工作的整体有效执行。

3. 评价标准建设流程与方法有待提升

评价标准建设依据规范性文件进行建设,评价标准编制是以岗位关键业务的技能鉴定要求为基础的,但是在实际的应用过程中,反映出评价内容与岗位核心工作不相符的情况。

4. 评价试题库未实现规范化、信息化

由于评价试题库的编制没有统一规范的标准,导致电力企业各层级的试题库存在较大的偏差。试题库建设未能实现信息化,导致开发成本偏高,另外,潜能维度的试题库建设还较为欠缺,尚未明确该部分的建设流程与方法。

5. 评价系统与设备缺乏

由于某些企业的硬件设备缺乏,从而限制了对技能评价项目的选择,评价体系的系统功能不齐全,不能很好地支持评价的高效开展。

由电力企业胜任力模型现状可知,对于电力企业的胜任力研究还有待进一步完善,因此本书以电力企业员工为研究对象,研究电力企业员工胜任力模型。

二、员工胜任力研究的必要性

国家之间的竞争就是综合国力的竞争,在经济全球化的今天,综合国力竞争实质上是大型企业之间的竞争,但归根到底是高素质人才的竞争。管理人员作为公司的"大脑",管理员工的能力建设事关电力公司发展的大局。因此,深入研究和把握人力资源工作规律,充分借鉴国内外科学管理成果,不断改进人力资源工作的手段和方法,提升人力资源工作的科学化水平,具有重要的理论和现实应用价值。构建管理人员胜任力模型,将其作为管理人才选拔、培养和考核等管理工具,是推进人力资源管理科学化、实现人力资源升级的积极探索与创新。

从管理人员能力建设的功能定位上来看,本书认为:没有胜任力,对上就没有承接公司战略的执行力,对下也没有让战略落地的领导力。

流程、技能和意愿构成了执行力、领导力的基本要素,是企业员工胜任能力的外化表现。企业员工胜任力与公司战略、执行力、领导力之间构成三角关系,各边边长越长,三角形面积越大,企业员工的执行力、领导力就越强;相反,如果把三角形的任意一边朝内移动,三角形的一边变短,面积变小,其他两边即使很长也产生不了效用,整体执行力、领导力也就下降。执行力、领导力,在这里专指企业员工贯彻战略思想、方针政策和制订方案计划的操作能力与实践能力,其结果将直接影响着电力企业公司经营目标的实现。执行力和领导力的三个核心要素是人员、战略和运营。所谓战略,就是做正确的事;运营,则是把事做正确;而人员,就是用正确的人。而这三者之间的匹配程度决定了组织内部执行力和领导力的强弱。人员的挑选与提拔要参考组织战略与运营计划,运营流程则又须考虑人员与战略问题,而战略的制订则又须建立在合适的人员与良好的运营上。总之,这三项流程彼此联结,相互依赖。

人员、战略、运营的渐进匹配很关键,如果三者完全不匹配,则组织内部的执行力和领导力为零。随着三者匹配程度的提高,组织内部的执行力和领导力也随之增强。

企业员工既是执行者,又是领导者。相对于公司高层"做正确的事"的定位来说,管理人员的定位则是"正确地做事",基层员工的定位是"把事做正确"。传统的管理者角色理论适应于传统组织环境条件下的管理活动。随着经济全球化和信息化的发展,企业之间的竞争也日趋激烈。企业员工角色理论应随着管理实践和管理理论的发展不断地加以丰富和完善。战略推动者、核心能力培育者、资源整合者、组织文化传播者、社会责任倡导者等都是对企业员工角色的新发展。

为了实现"承接战略,以胜任力强化执行力;战略落地,以胜任力促进领导力"的目标,本书提出了构建企业员工胜任力模型以促进全面人才能力建设的设想。

三、企业员工胜任力特征要素

国外管理学者和心理学者对企业员工胜任特征要素做了许多深入的研究,他们的研究对于分析企业中层管理者的胜任特征要素具有一定的指导和借鉴意义。国内的学者对于企业中层管理者和一般管理者胜任特征要素的研究较多,不同学者根据自己所在的不同行业和企业,根据工作岗位和工作性质从不同视角对企业的员工的胜任特征要素做出了归纳和总结。

四、胜任力的模型基础

（一）冰山模型

在麦克莱兰于1973年在论文《测量胜任力而非智力》中提出胜任力概念后,研究者们纷纷对胜任力进行了界定。1993年,斯潘塞夫妇将麦克莱兰的胜任力概念梳理为著名的冰山模型。胜任力冰山模型将员工的岗位胜任能力比喻为一座冰山,显露在冰山表面的部分是员工浅层的知识和技能,潜藏于水面之下,难以被判断和识别的是员工的自我认知、动机、特质和价值观。在这一模型中,在水面下越深的胜任力要素越不容易被感知与挖掘。

从冰山模型中可以看出胜任力的构成要素包括知识、技能、社会角色、自我概念、特质、动机等。

其中知识和技能大部分与工作所要求的直接资质相关,能够在比较短的时间使用一定的手段进行测量,如可以通过考察资质证书、考试、面谈、简历等具体形式来测量,也可以通过培训、锻炼等办法来提高这些素质。而社会角色、自我概念、特质和动机往往很难度量和准确表述,又少与工作内容直接关联。只有其主观能动性变化影响到工作时,其对工作的影响才会体现出来。考察这些方面的内容,每个管理者有自己独特的思维方式和理念,但往往因其偏好而有所局限。管理学界及心理学有一些测量手段,但往往复杂,不易采用或效果不够准确。

（二）洋葱模型

洋葱模型是在冰山模型的基础上演变而来的。美国学者博亚特兹在对麦克莱兰的胜任力理论进行了深入和广泛的研究后,在其1982年出版的专著《胜任经理人:一个高绩效模型》中提出了"胜任力洋葱模型",展示了胜任力构成的核心要素,并说明了各构成要素可被观察和衡量的特点。所谓洋葱模型,是把胜任力由内到外概括为层层包裹的结构,最核心的是个性、动机,向外依次展开为自我形象、价值观、态度和知识、技能。越向外层,越易于培养和评价;越向内层,越难以评价与习得。大体上,"洋葱"最外层的知识和技能,相当于"冰山"的水上部分;"洋葱"最里层的动机和个性,相当于"冰山"水下最深的部分;"洋葱"中间的自我形象、态度、价值观等,则相当于"冰山"水下浅层部分。

洋葱模型同冰山模型相比,本质是一样的,都强调核心胜任力或基本胜任力。对核心胜任力的测评,可以预测一个人的长期绩效。相比而言,洋葱模型更突出潜在胜任力与显现胜任力的层次关系,比冰山模型更能说明胜任力之间的关系。

（三）蜂窝模型

洋葱模型与冰山模型在本质上并没有太大差异,它们作为一种分析胜任力的基础框架,可以提供很好的指引,但均带有较强的学术特点,对非心理学专业人士来说不容易理解,比如自我概念、社会角色等专业术语往往让人产生误解。因此,诺姆四达集团结合多年构建和应用胜任力模型的经验,在不改变其本质特质的基础上,对斯潘塞的冰山模型进行了操作性的定义和简化,使之更符合一般人的认知习惯,称为胜任力的蜂窝模型。

在蜂窝模型中,胜任力是包含知识、技能、经验、能力、个性和动机六大要素的整合体,为了更为准确地表述各要素的内涵及其相互之间的关系,下面先对其进行明确的界定,再通过具体的例子来说明这些比较抽象的概念。

（1）知识:指人们通过学习活动获得对某一专业方面的认识。这些知识使一个人知道某件事,而非能够做到这件事,比如 MBA 学生掌握了很多管理知识,但并不代表就能够做好管理工作。

（2）技能:指个体应用知识完成某一特定任务的动作系统,比如外科医生能够熟练地为病人缝合伤口。

（3）经验:指人们从实践经历中得到的对客观事物规律的认知与总结,比如高山向导不需要高科技的导航设备就能够在原始森林中穿行。

（4）能力:指影响个体执行特定活动或任务的心理特征和行为模式,比如优秀的警察能够在大量繁杂的信息中应用逻辑推理快速找出破案的线索。

（5）个性:指个体区别于他人的、在不同环境中显现出来的、相对稳定的心理特征,比如内向还是外向,情绪是否稳定等。

（6）动机:指促使人们从事某种活动或产生某些行为的内在驱动力,比如具备较强的成就动机的人会不断为自己设定具有挑战性的目标,而具有较强创新动机的人,总是在思考新点子。

与冰山模型类似,蜂窝模型的六个要素也具有一定的层次性。知识与技能是最为显性的,也是最容易观察和培养的;经验和能力次之,其中能力具有一定程度的先天因素,但依然可以通过后天的努力加以习得,比如对语言和文字的理解、逻辑分析能力等,都能够在反复的练习中得到提升,而经验的积累则需要更多时间的历练;个性和动机属于最底层的特质,也是最难观察和改变的,但在某种程度上往往起到更为决定性的作用。

在分析框架中,每一种胜任力都可以解构成类似的六个"小蜂窝",它们交织在一起、相互作用,形成一个紧密的结构,支撑着人们在实际工作中表现出稳定的高绩效行为。

需要说明的是,虽然胜任力可以进行分析与解构,但并不能将其割裂开来,因为这六种要素是相辅相成的,缺少其中任何一种都无法构成完整的胜任力结构。

五、岗位胜任能力模型结构

某电力企业对岗位胜任能力的定义为:岗位胜任能力是驱动员工产生优秀工作绩效的各种个性特征的集合,是可以通过不同方式表现出来的知识、技能、个性和内驱力等。胜任能力是判断一个人能否胜任某项工作的起点,是决定并区别绩效好坏差异的个人特征,但该特征必须是可以测量、可以观察和可以指导的。

依据一般岗位胜任能力模型和评价标准的要求,结合冰山模型,电力企业岗位胜任能力模型分为三个维度:知识维度、技能维度和潜能维度,其中知识维度、技能维度为冰山上的部分,潜能维度为冰山下的部分。

岗位胜任能力模型的结构包括维度、模块、要素、技能定义、技能要求五个部分。

(一)维度

维度包括知识维度、技能维度和潜能维度。

(1)知识维度:指各岗位人员从事本岗位工作所需要的知识体系。

(2)技能维度:指各岗位人员从事本岗位工作所需要的技术能力。

(3)潜能(能力素质)维度:指各岗位人员在从事本岗位工作时所具备的内在能力。

(二)模块

模块包括基础知识、专业知识、相关知识、基本技能、专业技能、相关技能、通用素质和鉴别素质。

(1)基础知识:指电力企业管理人员常用的管理类知识,如战略管理知识、流程管理知识等。

(2)专业知识:包括专业核心知识和专业管理知识,专业核心知识是序列对应的核心岗位的核心知识,如人力资源序列对应的薪酬管理岗的人工成本预算等;专业管理知识是管理人员从事专业管理所必须具备的知识,如人力资源序列的人力资源规划及计划知识等。

(3)相关知识:指对应部门的辅助岗位及其他部门相关岗位的知识,如基建序列的相关知识包括电力调度管理知识等。

(4)基本技能:指电力企业管理人员胜任工作岗位、实现有效管理所需具备的技巧和能力。与基础知识一一对应,如战略管理、流程管理等。

（5）专业技能：包括专业核心技能和专业管理技能。专业核心技能是序列对应的核心岗位的核心技能，如人力资源序列对应的薪酬管理岗的薪酬预算等。专业管理技能是管理人员从事专业管理所必须具备的技能，如人力资源序列的年度培训计划制订等。

（6）相关技能：对应部门的辅助岗位及其他部门相关岗位的技能，如基建序列的相关技能包括培训管理等。

（7）通用素质：管理类岗位通用的潜能，如影响力、组织协调能力等。

（8）鉴别素质：区别于其他岗位特有的潜能，如服务意识、关注细节等。

（三）要素

1. 要素名称

这里的要素指具体的评价要素，是知识、技能、潜能的三级指标。评价要素是指能够区分绩效优秀员工与绩效一般员工的知识、技能、态度、特征等能力素质的名称，比如安全生产管理、资金管理。

2. 要素代码包括 KB、KS、SB、SS、P1 等

（1）KB：指基础知识，要素编码采取"知识"和"基础"的英文缩写+"－"+数字代码，例如："KB-1"\[知识：knowledge(K)，基础：basic(B)\]。

（2）KS：指专业知识，要素编码采取"知识"和"专业"的英文缩写+"－"+数字代码，例如："KS-1"\[知识：knowledge(K)、专业：special(S)\]。

（3）SB：指基础技能，要素编码采取"技能"和"基础"的英文缩写+"－"+数字代码，例如："SB-1"\[技能：skill(S)、基础：basic(B)\]。

（4）SS：指专业技能，要素编码采取"技能"和"专业"的英文缩写+"－"+数字代码，例如："SS-1"\[技能：skill(S)、专业：special(s)\]。

（5）P1：指潜能，编码方式采用"潜能"的英文缩写+数字+"－"+数字序号的形式，例如："P1-1"\[潜能：potential(P)\]。

（四）技能定义

技能定义是指具体的知识点和技能要求解释，可以根据某要素的行为描述得出，通过对管理人员采用行为事件访谈法、问卷调查法等获得该能力的相关信息，从而给技能要素下定义。

（五）技能要求

由于不同层级、不同岗位的管理人员其技能要求存在一定差异，因此对技能进行分

级,由低到高分为★、★★、★★★三个层级。而具体到基础知识、基础技能、专业知识、专业技能和潜能,对各个层级的定义也存在差异。

第三节　胜任力的思想渊源和发展动向

本节对胜任力的思想渊源和发展动向做了系统的归纳和总结:人力资源管理思想演变的三个阶段揭示了管理的重点逐渐转移到人力资本及其本身的能力因素上;"人"逐渐成为企业竞争的核心优势,人才管理阶段成为人力资源管理发展的必然阶段;人才的心理流程再造为人力资源管理提出了新的思路;详细阐述了胜任力模型的思想渊源、应用及研究成果,胜任力模型的研究及"人—岗—组织"匹配模型的研究成为胜任力模型研究的新方向。

一、人力资源管理思想演变的三个阶段

现代人力资源管理理论的发展经历了三个阶段:以经济人假设为基础——物本管理;以社会人假设为基础——人本管理;以能力人假设为基础——能本管理。

(一)物本管理

第一代人力资源管理理论——泰勒式科学管理模式的基础和前提是传统的"经济人"假设。这种管理模式的特点是重物轻人,把人当做工具,甚至当做机器的附属物来管理,并且要求人去适应机器。它是"物本管理"的代表,它把企业看成一个"大机器",而把企业的员工当做这一机器中的"零部件"。显然,泰勒式科学管理模式无法充分发挥人的潜能和创造力。

(二)人本管理

第二代人力资源管理理论是以"社会人"假设为基础和前提的"人本管理"。这种"人本管理"理论认为在不同管理模式背后起主导作用的因素是企业文化的差异,文化对管理具有极其重要的作用,企业不仅仅是一个单纯的经济组织,人也不再单纯是创造财富的工具,而是企业最大的资本和财富。"人本管理"理论强调,对物的管理需要通过对人的管理来实现,这样就确立了人在企业财富创造中的决定性地位和作用。这一理论在

企业管理中的应用,有利于推动人力资源的资本化。但是该理论未能充分研究如何挖掘和激发人的创造力,因而未能对员工能力的培养及其个人价值的自我实现提供有效的指导。

(三)能本管理

第三代人力资源管理理论是以"能力人"假设为基础和前提的"能本管理"。其核心就是以人的知识、智力、技能和实践创新能力为内容,以人的能力、智力为管理理念。其实质就是建立一种"各尽其能"的运作机制。它通过采取有效的方法,最大限度地发挥人的能力,从而实现能力价值的最大化,把能力这种最重要的人力资源作为企业发展的推动力量,并实现企业发展的目标以及组织创新。它不同于传统的泰勒式管理模式中的"物本管理",是"人本管理"理论的升华。

一些学者提出,"人本的关键是人的能力,即人可以在管理过程中作用于物的力量,或者说是能力资源",因此,他们主张以能力为本的"能本管理",并认为"能本管理"是更高阶段、更高层次和更高意义上的"人本管理",是"人本管理"的新发展。所以在管理实践中,不仅要确立"人本管理"思想,更为重要的是要认识"能本管理"的新思想,不断提升人的智能,提高企业员工的创新能力,实现以人的能力为核心的管理升华。

管理理念是支撑组织运作和发展的核心文化精神,是组织文化的深层价值观。"能本管理"的理念以人的能力为本,其总的目标和要求是:通过采取各种行之有效的方法,最大限度地发挥每个人的能力,从而实现能力价值的最大化,并把能力这种最重要的人力资源通过优化配置,形成推动企业和社会全面进步的巨大力量。其主要内容表现在以下方面:

第一,对企业的文化价值观建设而言,它要求价值观应当建立在能力价值观的基础上,要以能力价值观为主导来支撑和统领其他价值观。

第二,在处理组织和成员之间的关系上,它要求组织既要倡导每个人要通过充分正确发挥其创造能力,为组织、国家、社会以及人民多作贡献,实现个人的社会价值,也要求组织为每个人能力的充分正确发挥提供相对平等的舞台、机会和条件,从而促进个人和组织共同发展。

第三,它对组织的特征、形态和目标的要求是努力消除"人情关系""权本位"和"钱本位"在组织中的消极影响,积极营造一个"能力型组织"及其运行机制。

第四,它对组织成员的要求是各尽其能,各尽其才,各尽其用,通过自觉学习和实践不断提高和发展自己的能力,通过工作实绩来证实自己的能力,以提高能力和更好地发挥能力作为证明自身价值的唯一途径。

（四）"能本管理"与"人本管理"的关系

对于"能本管理"，学术界的观点也不一致，有学者认为，"能本管理"是"人本管理"发展的新阶段，"能本管理"源于"人本管理"，又高于"人本管理"，"能本管理"是"人本管理"的升华和具体化。笔者认为"人本管理"和"能本管理"是由于企业和社会对管理的认识发生了变化，对管理的认识角度和深度有了更清晰的理解，从而使管理的重心发生变化。"人本管理"是将管理的重心放在人的因素上，围绕人的需要和特性来采取行动，使人这一活动的资本能发挥巨大作用，完成企业目标，并达到社会的和谐；而"能本管理"是企业将管理的重心放在能力因素上，人是能力的载体，故激发人的潜能成了企业的重要目标。但是，能力并不单单指企业人力资源的个体能力，更强调企业的整体能力。

因此，"能本管理"并不局限于人力资源的个体能力管理，更注重企业的整体能力形成，即构筑企业整合各种资源的能力。因此，"人本管理"和"能本管理"是两种认识，是管理的两个方面，不能简单地理解为由于对人的假设发生了变化而对人的重视程度发生了变化。管理的重心发生变化是由于各个历史时期的社会环境、经济状况和人们对管理的认识程度发生变化导致的必然结果，也可以说是企业竞争导致的结果。

可以说，"能本管理"并不排斥"人本管理"，恰恰相反，"能本管理"是对"人本管理"的升华和具体化。如果说"人本管理"思想主要是强调人力资本于企业财富创造具有决定作用，那么"能本管理"思想则更强调人力资本创造财富所需要的能力要素，及其与其他资源有效配置的途径与方式。显然，后者比前者更为深刻地揭示了人力资本与其他资本（或资源）配置过程中的地位与作用，且可将比较抽象的"人本"概念用一系列实实在在的能力指标去体现，对于指导企业人力资源管理更具可操作性。从这种意义上说，"能本管理"就是在融合与发展"人本管理"思想的基础上，通过加强员工创新能力的培养、优化人力资本与企业其他资源的配置、增进组织内部各成员的有效沟通、建立一系列有利于调动员工积极性的激励机制、培育有利于知识型、创造型人才成长的企业文化等，让人力资本的效用最大化。

二、人才管理是企业战略实施的重要支撑

目前，国外已经进入人才管理阶段，并且人才管理已经成为企业的核心竞争优势。结合国外的发展历程，我们认为：未来的十年，中国将进入后战略人力资源管理阶段，即人才管理阶段。

（一）人才管理：人力资源的必然走向

人才管理是人力资源发展的一个必然阶段。回溯人力资源管理成长的脉络，在人力

资源管理阶段,人力资源部门职责单纯的只是工资发放、人员记录、福利发放等。

而后,"人"逐渐被当作企业的一种资源来管理,人力资源管理也逐渐承担了更多的职责。考勤管理、绩效考核、薪酬管理、招聘管理等各个流程逐渐完善,但这个时期的人力资源工作仍然是从职能的角度在思考问题,职能在此,则工作在此。

这样的人力资源管理逐渐跟不上企业的发展,战略成为企业的重头戏,被企业拉着走的人力资源管理必然要被淘汰,于是战略人力资源管理被提上日程。在这一时期,人力资源部门的行事角度发生了180度转变,从服从于企业需求变成服务于企业战略。人力资源管理开始构建基于战略的公司组织架构,构建基于战略的薪酬体系、绩效管理、招聘体系、评估管理体系等。这是人力资源发展的一个非常重要的阶段,这一阶段"人"成了企业的核心竞争优势。然而,人力资源部门的各个工作模块仍然是独立的,为人才培养埋下了隐患。

战略时代的到来催生战略人力资源管理的兴起,而战略视角的转变则引发了战略人力资源管理时代的又一次变革——人才管理时代的到来。

(二)人才管理:企业战略的根基

人才管理阶段的到来为企业战略的成功实施提供了可靠的保障。人才管理阶段仍然是基于企业战略的人力资源模式,但是人力资源管理将会更战略化,更加站在 CEO 的高度去思考整个公司的人才战略,并且逐渐脱离事务性工作转而投向战略思考工作。从服务于企业战略转变成为构建企业战略。北森总裁王朝晖指出:"人才管理已经不仅仅传递组织整体发展战略,同时它也是组织整体发展战略的一部分。"

人才管理对人的定位更清晰,精准定位人才是人才管理的重要基础,对企业关键人才的更多关注也体现于此。企业战略只有在有充沛的人才支撑的时候才能够被提上日程,而人才管理阶段所涵盖的招聘、评估、发展、保留这几项核心职能无疑是为企业战略的实施提供了"人"的保障。

人才管理不仅仅是人力资源发展的一个阶段,它还是人力资源管理的方法论。其最核心的理念是"整合",最底层的基础是"人才"。

(三)人才管理不仅仅是阶段

人才管理是一个整合的人才发展体系,在以往人力资源管理工作中,招聘、薪酬福利、组织发展、绩效管理等各职能都是相互割裂的,员工的各类信息分散在各个模块,而且存在于不同的载体。有纸质材料,有电子版材料,有存在于测评工具或企业管理平台的评估结果,有存在于 e-HR 软件的薪酬信息,如此分散的信息如何能够互通,如何实现不同评价结果的横纵向对比,难度可想而知。而人才管理思想的出现,将改变这一切,其核心理念在于以"人才"的胜任力模型为核心,涵盖聘用与安置、领导力发展、继任、绩效管理、培训和教育以及留任6个人力资源模块,整合人才评价技术、360度评价工具、雇员调查工具等多种人才管理工具。如此一来,可以为企业人才选、用、育、留提供全面的科学依据,同时实现企业连续的人才供应,真正实现企业的人才战略,从而支撑企业战略,达到人才成为企业核心竞争力的目标。

人才管理的基础是对"人才"的定义。只有找到了企业需要的人才,才能实现对人才的管理、培养、发展。人才管理对人才的定义不同于以往人才的定义"有才能的人就是人才"。2007年英国特许人事和发展协会(CIPD)在调查报告中提出对于"人才"的定义应该充分考虑以下特征:在特定的组织框架下;与行业类型和行业特点密切相关;动态的,很可能随着组织变化而变化。可见,人才管理时代更强调人才与企业的适配性。

并且,人才管理时代更强调了对于企业内部员工的区别培养。而今,给予不同类别的员工不同的关注和发展机会。将资源集中于能够给企业的稳健经营和快速发展带来最直接贡献的人才是多数企业所认同的,在未来这一理念也将继续被认可。同时,人才管理时代也更关注对于后备力量的培养。

不管是有关人才的哪一项工作,在人才管理时代都要求HR能够清晰地界定出哪些是企业所需要的人才,哪些是企业重点培养的人才,所以,对人进行有效的评估将成为这一形势下HR极其重要的挑战。

可以说,人才管理的终极结果是连续的人才供应。无论企业如何调整其商业战略,他们必须要评估和重视支撑企业发展的人才需求。由此可见,人才的选、用、育、留已经不再是单一的用人方关注的重点,已成为人和企业在互动中寻求发展的共同目标,"人才管理"这个概念应运而生。

三、人才的心理流程再造

心理流程再造(Brain Process Reengineering, BPR)的基本思想来自美国当代作家哈尼·鲁宾的名言:"注意你的思想,它们会变成你的言语;注意你的言语,它们会变成你的行动;注意你的行动,它们会变成你的习惯;注意你的习惯,它们会变成你的性格;注意你的性格,它们会决定你的命运。"这说明人的行为是一个由思想、言语、行动、习惯、性格和命运相互影响和依次作用的心理过程。

马斯洛也有类似的话:"心若改变,你的态度跟着改变;态度改变,你的习惯跟着改变;习惯改变,你的性格跟着改变;性格改变,你的人生跟着改变。"

因此,对这个心理流程进行优化和再设计,能够更有效地影响员工的思想、价值观、行为和工作绩效,帮助企业提高管理效率,实现战略目标。

心理流程再造的总体思路、目标和使命如下:

(1)总体思路:思想—言语—行动—习惯—性格与能力—未来。

(2)个人目标:通过态度、价值观、信念、行为、习惯、性格与能力的全面优化,提高自我的职业竞争力,改进工作生活质量,最终改变自我和公司的命运。

(3)团队目标:将标杆团队训练成有梦想,有坚韧意志,有坚定信念,有积极态度和价值观,有乐观、开朗、友好、善良品质,有责任心,有主动性,善于思考和能够自我完善的,特别想战斗、特别敢战斗、特别能战斗的训练有素的队伍。

(4)使命:将自己变成火种,点燃员工的激情,照亮前进的道路,释放生命内层最伟大的潜能,为公司,也为自己,不断创造奇迹,过无悔人生。

四、能本管理的新模式——能力识别的胜任力模型

目前有关人才能力识别评价的方法主要以胜任力模型为主,现阶段的相关研究也较为丰富。人员胜任力研究在国外起步较早,其中,主要的代表人物有麦克莱兰、博亚特兹、斯潘塞等,他们的研究成果被广泛应用于政府、企业等领域,取得了很好的效果。

(一)胜任力的思想渊源

胜任力雏形——古罗马时代,当时人们为了说明"一名好的罗马战士"的属性,就曾构建过胜任剖面图(competency profiling)。

胜任力建模启蒙——20世纪初,科学管理学之父泰勒开始"时间—动作"研究,建议管理者使用时间和动作分析方法去界定工人的胜任特征是由哪些因素构成的,同时通过系统的培训或发展活动去提高工人的胜任力,进而提高组织效能。

胜任力概念完整提出及实证研究——美国心理学家麦克莱兰从对美国选拔驻外信息情报官的研究开始,通过优秀的情报官的访谈,找出其区别于一般情报官的胜任特征。

国外对胜任特征系统研究要追溯到20世纪60年代,而自20世纪90年代胜任力概念传入中国,胜任力的理论研究和实际应用都得到迅速发展,一些领域甚至还取得创新性进步,但是不可否认在实际效果上尚需变革性突破。胜任力模型的基本思想是从怀疑这样的命题开始,如由"高能力+？=高绩效"得出:

高能力=强动机+合适的个性与价值观+……+必备的知识与技能

高绩效(做了什么)=高能力(适合做什么)+有效的行为方式(怎么做)

(二)胜任力的界定

麦克莱兰认为:胜任能力就是能将高绩效者与一般绩效者区分开来的,可以通过可

信方式测量出来的动机、特征、自我概念、态度、价值观、知识、可识别的行为技能和个人特征。

斯潘塞认为:胜任能力是指能将某一工作(或组织、文化)中卓有成就者与表现平平者区分开来的个人的深层次行为特征,它可以是知识、技能、社会角色、自我概念、特质和动机等,即任何可以被可靠测量或计数并且能显著区分优秀与一般绩效的个体特征。

学者博亚特兹、伍德拉夫、期潘塞、默腾斯、斯帕罗等都给出不同定义,大致分为三大派系。

(1)教育学派系:基于职位功能的分析,以职位绩效、知识、技术和态度来阐述并用相关标准来评价。

(2)心理学派系:与出众的工作绩效因果相关的一系列知识、动机、社会角色、自我形象和技能的集合。

(3)商业应用派系:哈默尔和普拉哈拉德提出"核心竞争力"和"核心能力",并定义胜任力为团体共同知识。

学者将胜任力的内涵与组织文化、价值观、核心竞争力和竞争优势相联系。如玛丽亚认为胜任力是员工潜在的、与优秀工作绩效相关的一套行为模式,在个人和团队中都能发挥作用并切实有效地为组织提供可持续的竞争优势。

综上所述,通常将胜任能力定义为:能将某一工作(或组织、文化)中表现优异者与表现平平者区分开来的个人潜在的、深层次特征,它可以是动机、特质、自我形象、态度或价值观、某领域的知识、认知或行为技能,即任何可以被可靠测量或计数的,并且能显著区分优秀绩效和一般绩效的个体特征。

(三)胜任力的识别方法

胜任力识别的主要方法是建立胜任力模型。胜任力模型是指达成某一绩效目标的一系列不同胜任力要素的组合,是一个胜任力结构。对胜任力模型的研究起源于 20 世纪 60 年代,现在已经成为人力资源中的主流实践活动。第一个胜任力模型是麦克莱兰和 McBer 咨询公司为甄选美国的国外服务信息官时开发出来的。他们把被试者分为绩效组与普通组,采用行为事件访谈法收集两个样本组中的关键行为。然后在此基础上开发了一个复杂的内容分析方法,识别将两组样本区别开来的主要胜任力,并且认为这些胜任力就是工作中出色业绩的决定因素。

胜任力识别具体体现为以下两种方法。

(1)静态驱动:从人的特征角度识别,将胜任力视为与人的特质相关,找出绩效优秀者的人格特征和能力特征。

（2）动态驱动：从行为的角度识别，动机、个性、自我形象、价值观、社会角色、知识和技能等胜任力的构成要素共同决定了人的行为。胜任力构成要素之间以潜在的部分（动机、个性、自我形象、价值观、社会角色）"推动"或"阻碍"表象部分（知识、技能），胜任力即特定情境下知识、技能、态度、动机等的具体运用的行为表现形式。

（四）胜任力的权变性

1. 胜任力不是一成不变的

自麦克莱兰提出胜任力这一概念以来，一直存在着一个争论不休的问题，那就是"胜任力是否具有通用性"？这里面又包含两个潜在的疑问：胜任力的结构是否是固定的，即是否存在一组特定的通用胜任力？相同或类似的工作岗位是否具有相同的胜任力要求，即胜任力是否具有情境的可迁移性？

早期研究者，如博亚特兹认为，既然胜任力是由个体的一组潜在特质构成的，则可以像分析人格特质一样将所有可能的胜任力都识别出来，形成一个具有通用性的"胜任力词典"，某一特定工作所需要的胜任力只要从这本词典中进行抽取和组合即可。根据这一思路，他钻研并归纳出一组用来辨别优秀经理人的胜任特征因素，这些因素能够同时适用于不同的公司和行业。

自1989年起，麦克莱兰和斯潘塞便开始对200多个工作进行分析和研究，记录了大约760种行为特征。其中，与360种行为特征相关的21项胜任力能够解释每个领域工作中80%～90%的行为及结果。因此，这360种行为特征便组合成了胜任力词典的基本内容，并按照相似程度划分为6个基本的特征族，包括成就与行动族、帮助与服务族、冲击和影响族、管理族、认知族和个人效能族。在这6个特征族中，又依据每个特征族中对行为与绩效差异产生影响的显著性程度划分出2～5项具体的胜任特征，同时针对每一项具体的胜任特征，都有一个具体的定义以及至少5级的分级说明和典型行为描述。

在这一思路的指引下，基于咨询服务的需要，很多机构纷纷创建了自己的胜任力词典。还有一些公司则更进一步，在进行大量的企业最佳实践研究后，针对不同职能建立了较为完整的胜任力数据库，从而在全球范围内实现了胜任力咨询和培训的高度标准化。

那么，胜任力真的具有通用性，真的可以实现完全的标准化吗？

美国学者费德勒提出的领导权变理论（contingency theory）从领导力的角度对这一问题进行了解答。他深入研究了情境因素对领导效力的潜在影响，指出领导者的行为及其所要追求的目标是具有多样性的，所以并不存在一成不变的管理模式，有效的领导行为必须根据情境的变化而变化，即"管理无定式"。费德勒最早在管理研究中引入情境这一变量,为研究管理行为提供了一个非常有价值的切入点。

按照这一思路,胜任力之所以对高绩效具有很强的预测作用,正在于它具有高度的情境嵌入性,而不仅仅是工作职能的简单罗列,特别是对那些工作情境比较复杂多变的岗位更是如此,这也恰恰是应用传统的基于岗位职责的工作分析所无法做到的。比如,马云在阿里巴巴发展到一定规模的时候,认为和他一起创业的兄弟姐妹们并不具备做高管的能力,于是顶着巨大压力从外部招聘了一批有大企业管理经验的职业经理人。结果几年后这些职业经理人一个都没留下,反而是那些原本不被看好的创业元老坚持了下来,最终成为公司的核心高管。为什么有经验的人反而没有为阿里巴巴持续创造高业绩? 他们肯定不缺管理能力,不然也不会在过去的工作中取得成功,马云经过反复思考后把原因归结为文化的适应性问题。

不可否认,文化融合的确是一个非常重要的问题,但近距离观察这种文化融合现象,可以发现其本质其实是一种行为模式的调试过程。也就是说,人们所具备的管理知识和管理技能是否能够在实际工作中表现出来,转化为新岗位所需要的胜任力,最关键的地方就在于能否根据工作情境的变化适时地调整自己的管理和领导行为。因此,胜任力并不是一个抽象的概念,它必须与具体的工作情境结合在一起才具有完整的价值和意义。这也就解释了阿里巴巴的那些创业元老可能的确不具备足够的管理能力,但他们对公司的环境和做事方式非常熟悉,一旦他们通过不断学习掌握了足够的管理知识和领导技能,且积累了一定的管理经验,就能够比那些“空降兵”具备更高的胜任力,能够创造更优秀的业绩。

所以说,胜任力也是权变的,能够完全标准化的只有技能性内容,称之为“管理动作”,其必须与具体的工作情境相结合,才能构成完整的胜任力。

这就是情境胜任力理论,可以通过以下公式加以表述:

$$胜任力(行为) = 动作 + 情境$$

目前大量的管理研究和企业实践都聚焦于对技能(动作)的分析,试图寻找一种所谓的最佳实践,并通过行为训练的培训方式推而广之。在这一模型中,管理和领导行为被看作是一种标准化的流程。比如,做员工绩效反馈,会将其分为 5 个标准的互动过程(动作):开启讨论—澄清问题—发展方案—达成共识—总结讨论,每一步又有一些关键的操作要领。值得肯定的是,这些标准化的管理动作都是经过大量研究总结出来的有效模式,从技能评价和发展角度来说非常有价值,也比较符合西方人的思维习惯,因此在美国和欧洲风靡一时。

然而,这种分析模式并没有考虑情境的因素,是否能够在不同的工作情境中有效地应用这些技能,才是创造高绩效的关键。而个性、能力、动机、经验这些因素都会在很大程度上影响个体对特定工作情境的适应能力,因此,在分析胜任力时,必须将情境因素考虑进来。例如,各种管理动作就像武术里的套路,一拳一脚都是在总结大量的实战经验后凝聚而成的,但在实际对敌时,死打套路肯定是没用的,必须根据对手的拳法以及周遭环境灵活运用这些招式,才能达到克敌制胜的效果,而功夫的高低也正在于此。

2.影响胜任力的情境因素分析

可以从3个维度去结构化地思考情境问题:组织环境、工作特性和团队关系。其中组织环境又可以细化为战略定位、内部文化和权力结构3个子维度;工作特性包含任务结构、管控模式2个子维度;团队关系则可以分为团队状态和人际关系2个子维度。

通过上述7个维度的分析,就可以比较准确地定位研究对象所处的工作和管理情境(又称胜任力情境),进而更为准确地分析其取得高绩效的关键胜任行为。对不同层级的员工来说,在分析其所处的胜任力情境时侧重的维度有所不同。比如对高层管理者而言,最重要的情境因素应该是组织环境;而对普通员工来说,他们的关键胜任力更多取决于工作特性,其次是团队关系,而组织环境的影响作用则相对有限。

这种结构化的分析框架虽然不能非常精细地描述出工作和管理情境的全部,但能够有效帮助我们在纷繁的实际工作中较为准确地定位和解读特定层级与岗位的核心胜任力。情境胜任力理论是在长期研究和企业咨询实践中逐步发展和构建出来的,虽然目前还不成熟,但将情境因素纳入对胜任力的研究和考察是一项非常有价值的工作,也是进一步发展胜任力理论的必由之路。

五、胜任力的提出

胜任力(competency)一词来自拉丁语 competere,在中文文献中也常译作胜任特征、胜任素质等。这一概念最早可以追溯到古罗马时期,当时的人就曾通过构建胜任力剖面图来说明"一名优秀的罗马战士"所需要具备的特性。

在此之后,人们不断致力于探索个体绩效差异的来源,希望了解究竟是什么因素在影响着工作绩效,在同一目标驱动下,各个领域的学者纷纷提出具有划时代意义的创见。其中,心理学家首先将这一问题归因于个体智力水平的差异,随后又扩展出了多元智力、情感智力和成功智力等理论。而以泰勒为代表的管理学家则认为,优秀工人与较差工人之间的差异在于他们完成工作的动作和方法不同,并建议管理者通过时间和动作分析去界定工人的标准化作业流程,同时采用系统的培训统一规范,从而提高组织效能。

工业化初期上述思想在以福特汽车为代表的大规模生产中发挥了重要作用,使工人的生产效率得到了极大的提高。第二次世界大战以后,美国率先进入后工业化时代,一方面,服务业的快速兴起打破了流水线式的生产组织形式;另一方面,随着组织的日益庞大，大量专业岗位和管理岗位出现，白领队伍不断壮大，员工的工作性质发生了根本性转变，将其看作"人肉机器"的时代一去不复返，岗位的工作职责也不再那么单一，越来越显示出复杂化、多样化和团队化的特征。因此到20世纪50年代后，泰勒的时间—动作分析方法逐渐被放弃，而以智力测评为核心的人才测评理论在预测工作绩效方面也显得越来越无力，不断受到人们的质疑。正是这样的历史洪流，将行为学家推到了"聚光灯"下。

胜任力的思想由来已久，但真正获得人们的重视还要归功于哈佛大学著名行为心理学家麦克莱兰博士。20世纪60年代，美国国务院深感传统的外交官选拔方式效果很不理想，许多在智力测试中成绩优秀的人才在实际工作中的表现却令人非常失望，随即邀请麦克莱兰博士帮助设计一种能够有效预测外事情报官员（FISO）实际工作业绩的选拔方法。麦克莱兰对美国国务院过去的选拔方法进行研究后发现，传统的智力、知识技能和人格测评对个体的工作绩效和职业生涯的成功并没有预测作用，那么绩优外交官和业绩平平的外交官之间的根本差异究竟在哪里呢？为了解答这一问题，麦克莱兰化繁为简，把视野聚焦到了最直观的工作行为上，发展出了一种行为事件访谈法（BEI），希望通过对表现优秀和表现一般的外交官的实际职业行为特征的深度访谈分析，识别出能真正影响外交官工作绩效的因素，或能真正区分出优秀和一般的个人行为特征。为此，他选取了50位外事情报官员，其中一半为绩优样本，一半为业绩平平样本，让他们描述三个自己表现出色的成功事件，以及另外三个他们觉得自己做得一团糟的事例。在此过程中，麦克莱兰不断追问其中的细节，以尽可能清楚地掌握事件产生的背景以及当事人做了哪些事、说了什么话、是如何考虑的，这样就能找出绩效优劣者具有的差异化行为模式。

按照这一思路，如果真的能够通过这些深度访谈将优秀外交官的高绩效行为特征分离出来，那么只要在以后的选拔中对候选人是否具备这些行为特征进行科学、有效的评价，就有把握预测个体在未来的外交工作中的实际绩效表现。幸运的是，麦克莱兰的研究设想最终获得了成功，他将访谈的结果进行对比分析后发现，业绩优秀的外事情报官员身上所具备的一些素质是业绩平平者所没有的，主要包括以下方面：

（1）跨文化的人际敏感性，即能够快速洞悉外国人真正想表达的意思和情感的能力。

（2）对人的正面看法，即能够尊重跨文化个体间价值观的差异。

（3）快速识别和厘清政治领域的人际关系网络，抓住关键人物及其核心利益诉求的能力。

通过对这些核心胜任力的准确把握，大大提高了外交官选拔的准确性和有效性。

经过多年的研究和实践，麦克莱兰于1973年在《美国心理学家》杂志上发表了一篇具有颠覆性价值的论文——《测量胜任力而非智力》，正式将胜任力这一概念引入学术研究领域。在这篇划时代的论文中,麦克莱兰提出传统上人们认为能够决定工作结果的因素如人格、智力等,对绩效其实并没有令人信服的预测作用。他写道:"我们在选拔一名警察时考察其是否能够找出单词间的相似之处,到底有何必要。"而这恰恰是传统智力测验的常见题型。相反,他认为"如果你想测试谁有可能成为一名好警察,那么就去看看好的警察到底都在做些什么,然后以此为样本来筛选候选人。"即真正具有鉴别性的是员工的高绩效行为特征,麦克莱兰将此称为胜任力。

在麦克莱兰的分析框架中,胜任力是一个统合的概念,是一种"能将某一工作(或组织、文化)中表现优异者与表现平平者区分开来的、个体潜在的深层次特征,它可以是动机、特质、自我形象、态度或价值观,或是某领域的知识、认知和行为技能。更为重要的是,它们都能够被可靠地观察和测量。"为了进一步说明胜任力的可测量性,麦克莱兰还提出了一整套根据人们正在从事的具体工作来评估其胜任力大小的方法和原则。

麦克莱兰的这一突破性创见很快得到了学术界的普遍认可,成为心理学、人力资源管理、教育学等领域的研究热点之一。与此同时,胜任力也逐渐风靡整个企业界,在美国掀起了一场胜任力运动,并迅速扩展到全世界,英国、加拿大、日本等发达国家纷纷效仿,在企业人力资源管理实践中广泛应用。麦克莱兰更是身先士卒,在美国波士顿创立McBer 公司(后与合益集团合并),并终身致力于为企业、政府机构和其他专业组织提供与胜任力相关的咨询和应用服务。从 1989 年起,麦克莱兰和斯潘塞开始对全球 200 多项工作所涉及的胜任力进行观察研究,建立了包括一般企业、政府、军队、教育和宗教等组织中的技术、专业、市场、企业家、管理者等各类人员的胜任力数据库。该数据库记录了大约 760 种行为素质,将胜任力的研究和应用推向了一个新的高度。

20 世纪 90 年代初,胜任力思想被进一步拓展到了组织和战略管理领域,普拉哈拉德和哈默尔提出了著名的组织核心能力理论,将胜任力的研究带入了一个新的层次,第一次拓展到了组织层面。他们认为,就像个体要取得高绩效需要具备核心胜任力一样,一个组织要想长期在竞争中处于优势地位,也必须具备自身的核心能力,这种核心竞争力应该是该组织所特有的、能够经得起时间考验的、具有延展性的,并且是竞争对手难以模仿的技术或能力,组织的核心能力和组织中员工的胜任力必须是相匹配的。他们的这一创见为我们研究组织和人的关系提供了一个全新的基于胜任力的分析视角,实现了"人—职—组织"的完美匹配,真正将胜任力的研究提高到了组织战略高度,成为一种有效的战略管理工具。

六、胜任力内核解读

自麦克莱兰提出胜任力概念后,出现了大量相关研究,研究者们纷纷对胜任力进行界定。美国学者 J. S. 李普曼等人花了两年时间对研究人力资源管理的专家学者、知名企业资深 HR 管理人员共 37 人进行访谈后发现，虽然有关胜任力的研究和实践日益广泛，但大家对胜任力的内涵并没有形成清晰、统一的认识，导致在讨论有关胜任力的问题时产生了很多概念上的误解。对胜任力的认识主要分为两个层次：第一层次可以称之为"行为观"，即认为胜任力是一种高绩效的行为表现和行为模式，至于个体产生这种高绩效的内在原因，并不是分析的要点；第二层次的观点可以称为"特质观"，即认为胜任力是一种支持个体在工作中表现出高绩效的内在特质的组合，至于具体包含哪些特质，不同学者的理解又有所不同。

"行为观"将胜任力看作一个"黑匣子"，只关注高绩效员工的外在行为表现，在实际应用中相对容易理解，也便于操作。比如，在进行招聘选拔时，能够应用行为面试、评价中心、360 度反馈等以行为为核心的测评方法，直接对候选人的胜任力做出客观、准确的评估。同时，也可以利用以行为训练为核心的培训技术，帮助员工提高自身的胜任力水平。从这个角度上看，的确不需要了解支撑个体胜任力的内在因素到底是什么。但"特质观"提供了一个更为深入的观察视角，从研究胜任力的角度来说，对其内在机理进行解构是非常必要的。因为虽然个体具备相近的胜任力水平，但支撑他们表现出胜任行为的内在原因可能是存在差异的。对此进行更为准确地把握才能大大提高鉴别优劣、预测绩效的有效性和可靠性，同时在开展培训时，也更加有的放矢。无论哪种观点，对胜任力的理解在以下几个方面都是一致的：

(1)绩效导向：胜任力与个体在工作中所取得的绩效水平高度相关。

(2)行为表现：胜任力是个体取得高工作绩效的一系列行为表现和行为模式。

(3)情境相关：不同工作情境下所需要的胜任力有所不同。

(4)预测作用：个体的胜任力水平对其工作绩效具有高度预测作用。

(5)可观察性：个体的胜任力可以准确地观察和测量。

(6)可培养性：个体的胜任行为可以通过培训等方式加以习得和提高。

如果把"特质观"看作深入探究胜任力内在机理的一把钥匙，那么美国学者斯潘塞基于胜任力概念提出的冰山模型则为胜任力的特质研究奠定了理论基石。

在冰山模型中，斯潘塞把个体特征区分为水上冰山和水下冰山，即外显的和潜在的，形象地说明了对人们工作绩效有预测作用的个体特征中，除了可见的、外显的知识和技能外，更重要的是深层的、不可见的、潜在的、核心的动机、特质、自我概念及社会角色。其中，知识和技能最容易观察到，构成了基准性胜任力（threshold competency），是任职者执行工作所需的最低程度的门槛性要求，无法区分卓越绩效者与一般绩效者，但最容易通过教育和培训加以改变。动机、特质、自我概念及社会角色等构成了鉴别性胜任力

（differentiating competency），其特点是：能够区分绩效一般者与绩效优异者，且在短期内较难改变和发展，是胜任力的核心特质。其中，特质和动机处在最深层次，也最难以改变。对于企业组织而言，用甄选的方式来选择具有所需要特质的员工比较合乎成本效益。自我概念与社会角色则处于中间层次，经过适当的培训或者成长性的经历，是可以改变的，但需要较长时间的持续投入。

七、胜任力模型的衍生研究

前面详细介绍了什么是胜任力，而在实际工作中接触更多的是胜任力模型（competency model）的概念，很多时候这两个概念区分并不明显，由此引发了很多误解。

由前文的介绍可以知道，简单来说，胜任力模型就是某一类特定工作所需胜任力的有机组合。在实际操作中，每个模型一般包含 7~11 个核心胜任力指标，并通过行为化的方式加以展示，从而实现将抽象的胜任力具体化表述的目的，以便于理解和应用。美国管理协会（AMA）在全球研发成果的基础上，结合长达 10 年的管理培训实践总结而成的中国职业经理人卓越领导力模型，具有一定的代表性。AMA 给出的模型是针对中国职业经理人这一广大群体的，"镜头"拉得很宽，在情境上显得不够聚焦。所以其给出的行为要求也仅仅是一种模式，不够具体化。因此，AMA 的模型更多地应用于通用的管理者培训，而直接应用于特定组织的高管选拔则并不十分合适。即放之四海而皆准的"通用模型"是不存在的，这也从一个侧面印证了组织建立适合自身特点的胜任力模型的必要性。

同时，在组织中根据建模对象的不同，又可将胜任力模型分为全员通用模型、专业岗位模型和领导力模型三种类型。

（一）全员通用模型

全体员工都必须具备的核心素质。一般包含 5~7 个胜任力指标，集中反映了企业战略、文化以及核心价值观对员工的行为要求，就像组织的 DNA 一样，具有强烈的独特性和排他性。需要指出的是，全员通用模型并不只是针对普通员工而言的，上到企业高管，下到基层员工，都必须以全员通用模型的要求作为自身的行动指南，这一点在实际操作中经常容易被忽略或误解。

（二）专业岗位模型

专业岗位模型是在特定岗位上创造高绩效所需胜任力的有机组合，与传统基于工作分析的任职资格不同，专业岗位胜任力模型关注的是个体在工作中表现出来的高绩效行为,而不是某种专业知识或专业技能。麦克莱兰一开始提出胜任力模型的思想就是针对一些特殊岗位而言的。根据情境胜任力理论,岗位越明确,则其工作情境越容易聚焦,胜任力模型的效度和精细化程度也越高。

然而在实际工作中,由于资源上的限制,不可能针对每一个岗位都专门构建一个胜任力模型。更多时候会采取一种变通的方式,将一些工作性质比较类似的岗位组合在一起,针对某一专业岗位序列进行建模。

在针对专业岗位序列建模的时候,一般采取"N+X"的方式:先行确定多个岗位专业序列的共性胜任力要素(N),然后确定各专业岗位序列的差异化胜任力要素(X)。这种建模方式及其产出的结果既能满足基于企业文化、价值观、战略要求及岗位要求形成的共性胜任力要求,又能体现不同岗位专业序列的差异化要求,可谓"统分结合"。

由于每个企业的具体情况不同,专业岗位序列的划分并没有严格的依据,一般只要和内部管理条线保持一致即可,划分的方式也有粗有细。比如某保险公司构建的岗位序列模型就简单地划分了前台业务、后援支持两大条线,因为这就是保险公司最为核心的业务板块,也最能反映出对员工不同能力素质的要求,同时与该公司的内部管理模式相匹配。相反,某大型通信企业的专业岗位序列模型则要细化得多,在研发、销售、物流、生产、职能管理五大系列的基础上,又对具体的职能领域进行了细分,以研发为例还进一步划分了构架、测试、开发等六个不同的专业岗位族。这样做虽然需要进行大量的调研工作,但由于该企业业务和人员规模非常庞大,涉及很多个业务板块,所以有必要根据职能差异对人员的胜任力要求进行较为精确的界定和区分。

因此,我们在构建专业岗位序列模型时,一项基础性的工作就是要把该企业内部业务和职能管理的构架梳理清楚,从而基于实际情况确定如何划分职能条线,以保证既能体现对员工胜任力的差异性要求,又能提高模型的应用价值以及建模工作的投入产出效用。

与此同时,每个企业中都有一些直接关系到组织整体绩效的关键岗位,就此类岗位而言,还是非常值得投入时间和精力进行精细化建模的。而且从企业建模实践来看,很多情况下都是从关键岗位建模切入的。专业岗位模型比全员通用模型要聚焦得多,也更能体现岗位的独特要求。比如安全意识、程序执行等指标很难在一般的模型中见到,却恰恰反映了配电工这样一个特殊岗位所处的工作环境对从业人员胜任力的要求。

(三)领导力模型

虽然有些企业也有"全员领导力"的说法,但一般情况下,领导力主要还是针对管理者而言的。关于领导力的定义很多,将其放在胜任力的框架内,简单说来就是指管理者

（并不一定是职位上的）在给定的资源条件下,带领团队取得高绩效所表现出来的一系列行为特征。AMA 中国职业经理人领导力模型就属于这种模型,不过它的目标对象过于宽泛,在具体应用中还需要进一步细化。在实际操作中,领导力模型一般是根据管理层级来构建的,这样既能关注到同一层级管理者在领导力方面的共性要求,也能够体现出管理层级上的领导力差异。

对比三类模型样例,领导力模型在胜任力指标上有很大差异。它更多聚焦于管理者的管理和领导行为,而专业岗位模型在指标的设定上则更偏向个体的行为特质。

管理者在某些指标上是共通的。比如在人际管理板块,所有的管理者都需要具备"团队建设"能力,但对不同层级管理者胜任力要求有所不同,这种差异会在模型的行为等级要求上体现出来。

除以上三种常见的胜任力模型之外,目前企业常用的胜任力模型还有团队结构胜任力模型,团队结构胜任力模型主要基于团队任务的分析,基于人与人的互补性组合,研究具备不同胜任力的人如何有效搭配以产生高绩效的问题。

八、胜任力模型常见结构和表现形式

根据经验,胜任力模型所包含的指标保持在 7～9 个比较合适,太少难免挂一漏万,太多则显得重点不够明确。当然,全员通用模型的指标个数要相对少一些。为了便于理解,通常会把内涵相近的指标归为一类。

（1）职责分类法根据目标岗位人员的核心职责进行分类。一般包括经营管理类、任务管理类、团队管理类和自我管理类四大素质类别。

（2）角色分类法根据目标岗位人员需承担、发挥的核心角色进行胜任力模型结构定义,比如战略执行者、流程管控者、客户服务者、关系维护者、资源整合者等。此种表述方式能更为清晰地界定管理者或目标岗位人员的核心角色和要求。

九、胜任力模型的最新成果

（一）领导力模型

领导力模型主要是针对企业各级管理者构建的一套胜任力模型。作为一个特殊的岗位,管理者与企业其他员工相比有着自己独特的一面。非管理类员工,他们的工作绩效与冰山模型中的"冰面"部分相关性大,而一个管理者能否成功,除了具备专业知识技能外,很大程度取决于他们的先天禀赋,即"冰面"下方要素的作用。因此,在实际运用中,前者一般采用的是任职资格界定或者全员通用模型的方法,而对于管理者,则一般采用建立领导力模型的方法。

近年来,经济全球化、科技进步和组织结构的扁平化及缩减对领导力的胜任特征产生了深刻影响。领导力研究已经超过其他人类行为方面的研究,成为当今最热门又复杂的研究领域。

朱迪·布劳内尔认为,全球化领导力要具备普通的胜任特征、特殊胜任特征和个人品质。普通的胜任特征就是那些容易获得的基础知识和技术;特殊胜任特征则是个人的性格和特质,其受组织文化、目标和环境的影响;个人品质,如诚信和正直,应当被当作是影响其他特殊胜任特征的个人核心性格特点,却常在领导力开发的战略中被忽略。同时还建议人力资源专家与管理培训者通力合作,培养能在全球商业环境中创造出高绩效的领导者。

领导力模型广泛应用于企业管理人员的挑选甄别、职业管理、工作晋升、培训等方面,是新经济时代管理企业和岗位员工的有效方法。

(二)"人—岗—组织"匹配模型

"人—岗"匹配是指组织成员的个人能力与工作需要或组织对个人的要求与个人对组织的贡献间的一致性程度。其研究大多从需求互补的观点出发,强调的是人与岗位、人与职务的匹配。"人—组织"匹配也日益得到研究者的关注:一方面,员工要满足特定工作和岗位的需要;另一方面,十分重要的是个体内在特质与组织基本特征之间的一致性。

A. L. 克里斯托夫提出的"人—组织"匹配的整合模型认为,一致匹配发生在组织和个体间的基本特征相似时。组织的基本特征包括组织文化、组织价值观、组织目标和规范,个体的基本特征包括个性、个体价值观、个人目标和态度等方面,在这些方面相似的基础上才可能有互补匹配的存在。人与组织的互补匹配包括:组织提供财务、物质和心理资源,提供工作发展和人际交往的机会来满足个体的需要;个体则通过提供自身的时间、努力、承诺和综合能力等资源来满足组织的要求。

第二章　电力企业组织架构分析

胜任力模型构建主要采取 OTP 分析模式从组织分析、员工职责分析、员工能力需求分析三方面进行。OTP 模式是由麦吉与塞耶于 1961 年在其著作《工商业培训》(*Training in Business and Industry*)中提出。他们认为,需求的确定不能仅凭主观分析,只有从组织、员工职责和员工能力需求等三个层次上综合分析,才能系统、客观、准确地识别需求。

●组织分析(Organization Analysis)通过对组织的发展战略、资源及环境等多个方面进行分析,识别组织发展中存在的问题以及面临的机遇与挑战对组织及相关人员提出的挑战要求。

●职责分析(Task Analysis,有时也称作 Operation Analysis)侧重于描述某一工作岗位的性质,明确员工的工作职责及任职条件,以明确培训的内容。

●能力需求分析(Person Analysis,有时也称作 Man Analysis)从员工的实际状况出发,考察员工的知识结构、技能、能力、态度以及工作绩效,以确定在组织中员工应该具备哪些能力以及提升这些能力需要的培训内容。

第一节　组织分析

国际企业间日趋激烈的竞争对电力企业未来从业人员的能力提出要求和挑战。组织分析以企业战略、文化为根本前提,为企业未来发展战略与业务发展指明了方向。组织分析主要对电力企业员工职业发展及能力指引、企业内设机构岗位管理台账等资料进行分析,并厘清企业组织设置情况与岗位构成情况对员工岗位胜任能力提出的要求。

第二节　员工职责分析

　　主要对电力企业内设机构岗位说明书、各部门主要职责、各业务部门管理脉络、业务指导书等资料进行分析,充分了解电力企业岗位职责对员工提出的能力要求。

表2.1　电力企业员工组织常见构成

序号	专业类别	所属部门			
		部门1	部门2	部门3	部门4
1	行政类	办公室			
2	计建类	计划建设部(质监分站)			
3	人力资源类	人力资源部			
4	生产类	电力调度控制中心(系统运行部)	输电管理所	变电管理所	生产技术部
5	财务类	财务部			
6	安全监察类	安全监管部(应急指挥中心)			
7	经营类	市场营销部			
8	监察审计类	监察审计部(纪委办公室、巡察办公室)			
9	党群类	党建人事部(工会、团委)			

第三节　员工能力需求分析

一、问卷调研数据统计与分析

　　据某地某供电局调研报告分析,该供电局在岗管理人员(中层管理及专业技术人员)

为 79 人,此次问卷共计发放 45 份,占总人数比例为 57%,收回 40 份,回收率为 89%,问卷有效率 100%。其中行政类 5 份、党群类 5 份、人力资源类 3 份、计建类 3 份、生产类 12 份、监审类 2 份、安监类 3 份、经营类 3 份、财务类 4 份。根据数据统计分布集中体现情况确定中层管理者及专业技术人员的岗位胜任能力。

参与问卷调研的中层管理者共 18 人,沟通能力选择率为 100%,学习创新能力、组织协调能力选择率为 89%,部署培育能力选择率为 83%,领导能力选择率为 94%,语言组织与表达能力选择率为 77%,问题发现与解决能力选择率为 72%,数据收集与分析能力选择率为 55%。因此选择率在 80% 以上的能力被认为是中层管理者必须具备的且要求比较高的能力。

依据统计,党群类岗位在政治敏锐性上有区别于其他岗位的要求,鉴于该供电局一岗双责的特殊性,部门主任同时兼任党支部书记,因而在主任岗位上对政治敏锐性同样有相应要求。

鉴于行政类岗位在文件处理、收发及时性与制度制订、文字处理工作的相关性方面的要求,对于语言组织与表达能力、时间管理能力有着突出的要求,将在胜任力模型中等级要求上有所体现。

由统计得知,人力类岗位对于学习能力、组织协调能力、语言组织与表达能力、沟通能力有着相较于其他能力更突出的要求,将在胜任力模型中等级要求上有所体现。

经营类岗位对于问题发现与解决能力的需求与学习能力、组织协调能力、沟通能力同等重要,在 3 份问卷调研中对此能力的选择率为 100%。

从监审类、安监类数据统计来看,除沟通能力、学习能力、逻辑能力与其他专业序列有着相同的需求外,数据收集与分析能力也是胜任此类岗位所必须的能力之一。

从数据统计来看,计建类、生产类岗位在组织协调能力、沟通能力、问题发现与解决能力的需求比例较高,在胜任力模型中体现在对不同能力的等级区分。

从统计情况来看,财务类岗位对于沟通能力与学习能力的要求较为突出。

二、访谈调研数据统计与分析

此次访谈调研共涉及 49 人,按职位级别分,中层管理 18 人,专业技术人员 31 人。按岗位性质分,职能类岗位 23 人,生产类岗位 26 人。

根据访谈内容,80% 的受访者除了对胜任岗位所需的能力做了列举外,还提到对待工作的态度和应有意识在胜任工作时的作用与重要性,这些态度和意识有执行力、责任意识、服务意识、大局意识、全局意识、原则性、前瞻性、压力承受力、风险意识、安全意识、亲和力等。

由数据统计可见,两个职级的人员都认为执行力与责任意识是完成和胜任工作所不可或缺的部分,而安全意识与风险意识也是最为集中的两项。

在职能类岗位中,90%的人选择了服务意识与责任意识,这与职能岗位的工作内容与服务对象有关,同时他们认为做好服务的相关工作亲和力也是必要的部分。

在生产类岗位中,安全意识与风险意识的选择比例最高,因此在模型构建中这两项内容会成为生产类岗位意识态度非常重要的组成部分。

不论中层管理者还是专业技术人员都认为执行力、责任意识非常重要,因此将此两项能力等同于所有岗位通用意识态度,不在胜任力模型中特别设置。

三、岗位胜任力模型意识、能力确定原则

根据数据分析与相关资料分析得出较为丰富的意识态度与能力需求,鉴于该供电局岗位设置与职责划分,多为一岗双责或多责,每个岗位之间工作职责重叠性较小,此次岗位胜任力模型改变以往以专业序列为单位的模式,而采用以岗位为单位构建胜任力模型。在具体岗位确定胜任力模型时,制订了选取意识态度与能力的如下原则:

• 岗位意识确定原则为,以该供电局机构岗位说明书为准,能够体现主岗的关键意识,数量一般为1~4个。

• 岗位胜任能力确定方法,由于该供电局一岗双责或多责,一个管理人员同时兼任除本岗工作外的其他部分职责,因此各岗位胜任能力确定以该供电局机构岗位说明书为准,体现胜任主岗职责所对应的能力,总体数量一般为5~8个,各专业序列能力要素相同,区别于能力等级划分。

除变电所、系统运行部设有专职书记一职,建立此岗位胜任力模型外,其余兼任书记、兼任副书记、兼任工会主席、团委主席、女工主席的岗位胜任力模型参照党群部兼任岗位胜任力模型,不在相应部门另做说明,各部门主任、副主任胜任力模型以所在部门岗位职责要求为基础。

第四节 能力的定义与等级定义

表 2.2 组织协调能力(Organization and Coordination Ability)

名　称	组织协调能力
定　义	• 能够根据组织目标的要求,从宏观角度对各种资源进行评估、调动与配置,协调各方面关系,提高资源利用的有效性,规避可预测的问题,并调动内部积极性,以达到工作布置的合理有序、组织内外的沟通协调、上传下达的通畅有效等目的
等　级	行为等级定义
1	• 能够了解完成任务目标所需要的资源,对资源和关系的利用表现一般,可借助于他人的提醒、支持与协助,辨识可能出现的问题,采取合理措施
2	• 能够整合完成任务目标所需要的资源,对资源条件的优势与不足进行分析,采取合理手段组织相关人员完成工作任务 • 组织中出现冲突时具有一定的调解技巧,必要时借助上级或其他力量以保证工作继续开展
3	• 擅长于辨析组织内外部的各项资源条件,调动其他成员的工作积极性,利用其所长,将任务进行合理分派 • 善于同各部门各方面人员保持融洽的关系,在兼顾对方利益的基础上促进相互理解、共同合作,保证工作顺利开展

表 2.3 学习创新能力(Learning and Innovation Ability)

名　称	学习创新能力
定　义	• 能够在认识到学习对于个人成长重要性的基础上,掌握学习工具,安排学习时间,并能够根据工作的实际需要和情况进行不局限于已有模式的突破,使工作的完成更加有成效 • 寻找不断更新自己现有知识和技能的机会,将学习到的知识和技能应用于实际工作中 • 善于接受新事物,顺应组织的发展要求,为组织引入更多的资源和活力
等　级	行为等级定义
1	• 能够持续地、利用不同渠道学习新知识并了解本行业和本专业的业务动态 • 掌握工作技能,并在现存问题解决模式的基础上,了解工作的合理进程,提出可行的建议 • 愿意在已存在的可行性经验的基础上,接受以新的方式解决问题的思路

续表

等　级	行为等级定义
2	• 能够将知识转化为自我理解,从不同角度看待常规问题,思考解决方案的优点和不足,最终形成新的解决方案 • 愿意与团队共同尝试新鲜工具或技术、打破常规思维,在不影响现状的前提下,能鼓励思考
3	• 能够主动寻求国内外行业领域内的先进知识,动态性提升自我,开展科学实践 • 善于在团队中充分发挥自己所学到知识,并鼓励自己和团队对工作流程和成果进行充分的改进研究,提炼总结各种解决方案的优点,形成新的系统性思路 • 能预测变革的需要和可能,积极主动尝试和推进变革,开拓新的领域或模式,并采取有力措施保证改革成功

表 2.4　领导能力(Ability of Leadership)

名　称	领导能力
定　义	• 能够树立团队领导者的威信,通过自身语言、行为、思想等各方面影响团队的其他成员,并通过授权、激励等管理手段,充分发挥团队成员优势,促进团队合作,解决内部冲突,有效促进团队为完成工作目标而努力
等　级	行为等级定义
1	• 能够对团队成员有一定的了解,关怀下属,对某些下属的个性、特长、爱好有所了解 • 面对团队冲突,会寻找方法解决并能取得一定效果 • 能够带领团队完成上级任务
2	• 能够树立领导威信,有意识地发现团队成员的优势、劣势,对他们的工作表现和风格有一定的预见力 • 愿意在他们寻求帮助时,帮助其解决问题 • 努力营造团队凝聚力的气氛,能开诚布公地解决冲突与矛盾
3	• 能够借助于自身语言、以身作则等行为去影响团队成员 • 了解每位团队成员的性格特征和专业特点,经常主动与团队成员进行沟通和交流,帮助每位成员准确定位自身在团队中的角色和优势,给予其发展空间 • 借助团队引导技巧,努力激发团队的强大凝聚力,以发挥出最强战斗力

表 2.5　部署培育能力(Ability to Train Subordinate)

名　称	部署培育
定　义	• 有培养他人的意愿,通过关注下属的潜能与可塑性,为下属的工作提供实际的指导与支持

续表

等级	行为等级定义
1	• 表达对下属的正面期待,对他人的能力或潜力提出正面的看法,相信他人想要学习也有能力学习 • 给下属进行详细的指示或是给予示范,告诉下属完成某项任务的具体步骤,提出明确有用的建议 • 针对个体不同特点,采用不同的指导方式,使其掌握完成任务的具体方法
2	• 对下属进行长期的指导或训练,在下属遇到挫折时给予支持和鼓励,针对行为而非个人给予反馈 • 能够给予下属绩效指导,使下属得到有帮助的绩效反馈信息 • 指导下属如何处理挑战性的工作,并鼓励员工接受挑战
3	• 鼓励下属承担有挑战性的任务,在控制风险的前提下充分授权,让他们按照自己的方式完成工作 • 鼓励公开地讨论各种论点和想法,帮助提高员工的积极性 • 敏感地发现下属需要的帮助。有效地开发和利用团队成员的潜能,给予职业生涯规划建议

表 2.6　沟通能力(Ability of Communication)

名　称	沟通能力
定　义	• 能够建立和维护沟通渠道,针对受众对象,采用适当方式,表达个人目的,进行意见和建议交流 • 对获取的信息,能够按照既定渠道和方式,进行整理、反馈和回复
等　级	行为等级定义
1	• 能够遵从合理的沟通渠道和沟通方向,采用适当的沟通方式,遇到问题与冲突时,愿意体谅与理解别人,能及时回复信息,认同沟通职责管理制度
2	• 能够与工作中的各层角色建立和保持良好关系,主动建立恰当的沟通机制 • 始终表示体谅和理解他人的态度,愿意就具体情况做出调整与妥协 • 愿意就对方疑问做出及时的回应,确保信息的准确表达
3	• 能够预见到他人的需求和关注点,根据不同对象采取相应的沟通策略 • 对不同对象和情境所要求的沟通方式有系统和深入的认识,并能自如地运用和灵活地调整

表 2.7　政治敏锐性(be Sensitive to Politics)

名　称	政治敏锐性
定　义	• 能迅速地从纷繁复杂的社会现象中洞察政治现象、政治原因或政治意义 • 政治方向清晰准确,能及时预见、反应和决断,把握各种社会政治现象和矛盾的现实状态及其发展趋势 • 善于用新视觉审视新事物、用新观点回答新问题、用新理论指导新局面、用新经验丰富新理论的战略意识和谋略水平

等 级	行为等级定义
1	• 能够意识到本行业和国家出现的政治现象 • 对公司出台的引领政策有基本的了解,拥有自己的立场,并能领会相关意图,向下属准确传达相关内容,对工作所涉及的政治和政策较为敏感
2	• 能够主动关心、探寻本行业和国家的政治关注点 • 关注公司战略等的出台及变动,辨识准确,敏感地分析和意识到其背景、核心思想及真实意图,拥护正确的立场,能以此指引工作实施,推进工作的调整和改进
3	• 能够坚持正确的政治方向,拥有坚定的政治立场,对与工作相关的国家和公司的政治现象、行为、政策制度等内容非常熟悉 • 能非常敏锐地观察到相关发展和变化,有针对性地做出调整,准确地把握和分析相关问题,做出准确的政治判断和趋势预测

表 2.8　关注细节(Focus on Details)

名　称	关注细节
定　义	• 在工作中不仅能够全面地看问题,还能敏感地察觉工作中容易被忽视的问题,并能针对这些问题做出专业性评判和修改,进一步提升工作质量
等　级	行为等级定义
1	• 能够对工作中的细节问题有所了解,并能进行总结,在实际工作中有意识地加以避免 • 能发现工作中所接触文件、流程设计、语言等出现的细节性问题,并适当加以纠正和解决
2	• 能够对细节问题有很强的敏锐性,在制订计划、流程等工作中全面考虑到工作环节中的每个细节问题,并妥善加以安排和解决 • 工作成果中因忽略细节出现的问题较少
3	• 能够对细节非常注重,对任何一个细节都要求尽善尽美 • 积极地学习任何一种能改善细节的方法,并把改善细节作为工作的中心,完善工作成果,保证不会在细节上出问题

表 2.9　资源整合能力(Ability to Integrate Resources)

名　称	资源整合能力
定　义	• 能够认识资源条件在工作任务完成过程中的重要地位,有意识地开发和培养资源,熟悉资源条件的优势与不足,调配组合资源,使其发挥更大的效益和作用
等　级	行为等级定义
1	• 能够比较重视公司内部资源条件的开发与配置,根据不同的情境和目标要求,对各项资源进行整合,考虑资源应用的可行性和回报率,完善并达成工作目标

续表

等 级	行为等级定义
2	• 能够在工作中高度重视公司各项内外部资源条件的开发与配置,努力按照公司要求和任务目标建设资源,整合组织资源的效益,有的放矢,提高资源利用率
3	• 能够在宏观层面上考虑公司各项内外部资源的协调与配合,将资源完美整合,达到投资收益最大化 • 建立公司内部和外部等资源综合考虑、分配利用的理念

表 2.10 关系建立与维护能力(Ability to Establish and Improve Relations)

名 称	关系建立与维护能力
定 义	• 能够与有助于完成工作相关的信息渠道、协助资源或支持的团体、个人(包括对未来实现工作目标有帮助的)建立和维持友善良好的关系
等 级	行为等级定义
1	• 能够通过信息搜集、经验追踪,清楚分析公司内外部关系网络中关键人物的关系,清楚其工作所需条件,与之建立联系,并维持正式的工作关系
2	• 能够通过定期与非定期的电话、邮件、走访和交流,与工作中必要的人员进行正式和非正式的接触,并能对他人的需求反应灵敏,努力维护长期融洽和共享的关系
3	• 能够借助于各种资讯,高效快速地了解工作所需要的各项资源主体,与之建立和谐的工作关系 • 能够在工作关系之外,持续与相关人员保持友善亲密的朋友关系 • 能区别资源的差异,并对他们的需求和特征做出灵活的反应

表 2.11 激励能力(Ability of Motivation)

名 称	激励能力
定 义	• 能够在工作中充分激发、引导和维持团队成员的工作热情,调动团队成员积极性,解决其思想问题 • 掌握团队成员的激励措施和引导手段,促进其充分发挥自身能力,努力实现组织目标
等 级	行为等级定义
1	• 能够对团队成员的工作成果和努力做出一定的肯定与鼓励,认可团队成员的参与意识和行为,并表示鼓励,而在推动团队成员参与团队目标达成的深层次行为表现得不够积极
2	• 能够经常鼓励和赞扬员工在工作中取得的成就和进步,在遇到问题时,不会出现消极的意见和反馈 • 将功劳归于团队,把荣誉分给团队成员 • 鼓励团队成员为工作目标的达成献计献策 • 能够为员工工作营造和谐的环境,能鼓励员工为企业发展献计献策,并能够以制度等形式推动员工参与企业运作

续表

等　级	行为等级定义
3	• 能够树立"人人皆可成才"的理念,在工作过程中,将管理的重点放在团队成员的成长上,借助有效的激励措施和激励行为,鼓励团队成员的创造力和目标达成能力,激发其参与热情和积极主动性 • 擅长运用心理学的工具和管理办法,建立优质团队

表 2.12　**计划统筹能力**(Ability to Plan and Arrange)

名　称	计划统筹能力
定　义	• 能够理解工作任务的要求和意图,确立自我目标,制订行动计划和方案,组织和利用多方资源 • 按照时间和流程顺序,考虑工作条件和事项的轻重缓急程度,进行安排和处理,确保计划目标的实现
等　级	行为等级定义
1	• 能够认识到工作的目标任务,采取常规步骤解决问题,工作措施比对组织的流程与规范,常居于表象和流程化
2	• 能够分析工作任务的目标、达成的可能措施、可能遇到的问题、任务的进度和时间规划 • 对于未来工作,习惯于事先拟定具体内容及步骤,并预计可能出现的问题
3	• 能够慎重分析工作任务目标的可行性,集合团队意见,确定工作流程与时间关键点,预测目标推进过程中可能出现的问题,采取规避措施,强调步骤的一致性和统一性,严密规划、罗列细节、顺畅实施

表 2.13　**数据收集与分析能力**(Ability to Information Gather and Analysis)

名　称	数据收集与分析能力
定　义	• 能够在工作进行过程中,围绕自己的工作主题和内容,收集汇总来自各个领域、各个层面和各个渠道的数据、资料和文献,结合工作实际进行整合和分析,汇编可借鉴信息,并利用内部渠道进行推介、学习和反馈,为工作同伴解决问题提供依据
等　级	行为等级定义
1	• 能够立足于解决工作问题的角度,觉察到多方面寻找可借鉴数据、资料的必要性,通过接触其他渠道或对象,获得他们的观点、背景资料及经验等各种相关或潜在相关的信息,挖掘问题的核心和真相
2	• 能够使用与解决工作问题相关的信息收集系统,建立或培养成熟的信息收集渠道 • 对于难以获得的信息提供有效的数据来源,能够对信息加以分析,并对有效信息进行系统分类、整理和保存

续表

等　级	行为等级定义
3	• 能够有意识地、长期不间断地建立和使用组织内部的同业信息收集和分析系统性方法 • 不断挖掘未来可能的潜在信息和信息收集途径,并分析信息的有效性和可信度,从而有效指导工作 • 基于对信息收集结果的客观分析和正确判断,对相关问题的未来发展趋势作出正确的预测,从而制订整个组织的各项战略决策

表 2.14　语言组织与表达能力(Language organization and presentation skills)

名　称	语言组织与表达能力
定　义	• 能够倾听从他人处所发出的信息、运用口语或非口语的方式透过正式或非正式的渠道将信息传递给他人,或正确地解读及重新组织所接收到信息 • 其他方式包括:能用正式或非正式的文档清楚、有效地形成书面文字并传递信息
等　级	行为等级定义
1	• 能运用口语信息表达想法或事件内容让他人了解,或是借由口语信息了解他人的想法或事件内容 • 系统性地表达或接收口语信息。能了解或使用非口语的传递系统 • 文字表达比较娴熟,他人易于理解,文字对他人具有一定的影响力和感染力 • 能用书面语言清楚、准确地表达自己的意见、建议或他人要求传递的信息。能正确使用语法、词汇、标点符号等,能用书面语言传递信息
2	• 能了解或使用口语及非口语的复杂传递系统 • 当别人在陈述立场时,可以知道其潜在的意图为何,在表达复杂的信息时,除了用口语传递信息外,能够同时运用书面表达 • 能用丰富的文字传递比较复杂的信息,或表达比较复杂的思想和情感
3	• 能系统性地响应,可以正确地针对他人所提出的信息做出重点式响应,能够正确地重组并诠释他人所表达的信息内容,除了用口语的方式,还能系统地使用非口语写作的方式响应对方 • 能够精美表达,精确传递很复杂的信息,优美表达深层次的思想、情感或抽象的感觉

表 2.15　开拓能力(Development capability)

名　称	开拓能力
定　义	• 根据确定的目标与需要灵活地、创造性地运用已知的一切知识与信息做出某种具有独到见解的、新颖的、具有开拓性的而富有积极社会价值的精神或物质贡献的能力

续表

等 级	行为等级定义
1	● 为了提高工作成效,在不太确定成功的可能性的情况下,经过周密考虑,敢于采取有一定开拓性的行动,并投入相当数量的人力、物力和财力
2	● 对改善工作流程、工作方法或规章制度提出建议或采取行动以提高工作效率,能主动地对公司的产品或服务提出改进方案
3	● 积极学习和运用新技术、新知识,提高工作效率 ● 积极参与、应对新环境下业务拓展,改变生产模式,拓展新领域业务

表 2.16　内控管理能力(Internal Control Management Capability)

名　称	内控管理能力
定　义	● 为确保企业经营方针的贯彻执行,保证经营活动的经济性、效率性、效果性而具有的自我调整、约束、规划、评价、控制的能力
等　级	行为等级定义
1	● 能够遵循相关政策、规章,能在内部控制上有效地贯彻执行,能够保证内部运行正常、有序,具有一定的自我约束与管控,无显著风险隐患
2	● 具有自主约束、控制、自我调整的能力,能采用合理的方式方法对内部经济做出有效控制,使内部成员具备保持内部经济性、效率性意识
3	● 有非常强的内部经济活动、人员风险的洞察力与敏感性,能够及时发现风险的存在并有效地进行预警与控制,采用合理方式使内部成员具备较高的控制意识

表 2.17　学习能力(Learning Ability)

名　称	学习能力
定　义	● 在工作过程中积极地获取与工作有关的信息和知识,并对获取的信息进行加工和理解,从而不断地更新自己的知识结构,提高工作能力
等　级	行为等级定义
1	● 能够持续学习新知识,利用不同渠道与信息进行综合学习,能够接受新事物、新方法 ● 具备一定的学习意识,在工作中,能够主动向其他同事学习,积极参加相关培训 ● 学习欲望较强,能运用有效的学习方法迅速掌握所学的主要内容
2	● 能够将知识的学习转化为自我理解,将理解融入工作中,尝试对工作方式的创新、效率的提升、技术的改进提供新的建议 ● 能够将知识内容通过经验分享、培训的形式表达出来,新技术、新领域、术语解释等表达通俗易懂,经验分享、案例分享富于感染力
3	● 能够将学习内容完全消化、理解,与工作实际相结合,有效改善工作方式、提升效率,使理论内容本地化、系统化展示与应用 ● 将新的理论内容、技术传授于他人,不仅有益于自我工作改变提升,同时有益于他人工作改变与提升,使组织效率有所提升

表 2.18　时间管理能力（Time management Ability）

名　称	时间管理能力
定　义	● 时间管理是指通过事先规划和运用一定的技巧、方法与工具实现对时间的灵活以及有效运用，从而实现个人或组织的既定目标
等　级	行为等级定义
1	● 大体能够通盘考虑，制订出合适的时间管理计划，且能够做到要事优先 ● 大体能够按既定计划执行，但偶尔有不能完全在设定时间内完成任务的情况
2	● 能够通盘考虑，制订出严谨的时间计划，且能做到要事优先 ● 能够严格按时间计划完成任务
3	● 能够通盘考虑，制订出严谨的时间计划，并能够做出合理的授权 ● 能够严格遵守时间计划，并能够在执行计划中灵活地转变，使工作时间安排更合理

表 2.19　问题发现与解决能力（Problem Identification and Resolution Capability）

名　称	问题发现及解决能力
定　义	● 及时识别问题并作出反应，解决相关的问题，最大限度降低问题危害性的能力
等　级	行为等级定义
1	● 能察觉到问题的存在，通过观察获得一定量的信息与现象特征，能对获得的直接信息进行分析，作出一定的判断，并采取相应的措施
2	● 能提前察觉到问题的存在，对直接信息和间接信息进行分析，并准确判断出事件或事物的发展方向，预见问题带来的危害，及时进行处理，防止问题扩大化
3	● 能提前察觉到问题的存在，把握事物发展变化的运动规律，预见问题带来的危害 ● 能够及时将问题的有关信息传递给相关人员及部门，必须迅速对问题进行处理，确保问题带来的损失降至最低 ● 能够从经验中学习，防止问题的再次发生

表 2.20　逻辑能力（Ability to Logical Analysis）

名　称	逻辑能力
定　义	● 能够通过概念、判断、推理等思维形式，对面临的工作事件进行观察、分析和辨识，查证事件产生的缘由，预测事件发展的路径和方式，借助其观察变化、思考分析和行为反应，掌握问题核心，做出选择
等　级	行为等级定义
1	● 能够将复杂的问题进行分解，掌握事件不同部分的特点，了解问题出现的大致原因，根据经验与常识，或者在他人的指点下，对问题的本质进行辨查 ● 能够对复杂事件制订整体方案，具备一定的策划及规划能力，能将概念、统计数据等内容运用于方案中

等　级	行为等级定义
2	● 能够将工作中出现的问题与曾经出现的事件进行可能性联系，发现问题出现的可能原因，预测行动后的结果，随着工作事件的进展整理思路 ● 能够对复杂事件制订整体方案，能够运用归纳推理和演绎推理等方法，对信息进行汇总、分类，归纳每一类信息，综合考虑信息的来源、相关性和时效性评估信息是否可靠和有用
3	● 能够恰当地运用正确的管理概念、方法、技术等多种手段分析工作问题，辩证地认识问题，充分觉察问题的正反两面，分解工作问题的不同环节，敏锐结合同类事件，寻找内部关联和最优解决措施 ● 运用归纳推理和演绎推理等方法，将复杂零散的数据汇总归纳成能直接反映问题根源的信息或是能支持决策的依据

第三章　胜任力模型构建的方案设计

在构建岗位胜任力模型之前首先应对项目方案进行设计,本章在第一节阐述构建电力企业管理胜任力模型的目标、原因、对象、计划及结果,从而对胜任力模型的项目方案有了指导性的理解。第二节对模型构建前的岗位梳理和模型调研进行阐述,说明构建模型前的主要准备工作。第三节对模型构建的原则和方法进行阐述,任何研究的方法论研究都是至关重要的。

第一节　构建模型的项目方案

项目方案是对项目的总体性规划,是整个项目的指导性文件。一般而言,首先,项目方案需要对项目的需求进行阐述,即明确"项目的目标是什么"和"为什么做这个项目"的问题;其次,项目方案需要对项目的思路、方法、操作流程等进行说明,即回答"怎么做这个项目"的问题;最后,项目方案需要对项目的最终成果进行明确,即回答"项目做成什么样"的问题。当然,不同项目方案的具体结构不同,这需要根据项目的实际情况进行灵活安排。项目方案的制订一定要严谨科学,前期要做充分的调研和准备,以保证整个项目的质量。以应用为导向的胜任力模型,其根本还是要应用于实践,因此,项目方案的出发点是企业的需求,其他活动都围绕此展开。为了使项目活动能够紧密围绕需求展开,在构建以应用为导向的胜任力模型时,可以通过以下 5 个方面的问题来帮助理清思路:

(1)构建胜任力模型的目标——企业要构建什么样的胜任力模型?

(2)构建应用型胜任力模型的原因——企业为什么要构建胜任力模型?

（3）构建胜任力模型的对象——企业针对什么人群构建胜任力模型？

（4）构建胜任力模型的计划——企业构建胜任力模型具体的实施步骤和行动是什么？

（5）构建胜任力模型的结果——企业构建胜任力模型的预期结果是怎样？

一、企业构建胜任力模型的目标

企业构建胜任力模型的目标是构建以应用为导向的胜任力模型的根本出发点，整个模型的构建活动都是围绕这一根本点展开的。随着我国的改革开放和市场化进程，国外的管理知识和经验也被引进到国内，胜任力模型也是这样的"舶来品"。胜任力模型在我国的应用最初是在一些外资企业中，后来一些具有前瞻性眼光和经济实力的国内企业开始效仿，在自己的企业里建立起胜任力模型。但是，这个时期国内企业构建的胜任力模型多是对国外管理模式和方式的学习与尝试，对胜任力模型应用价值的认识并不是非常清晰。随着国内企业界和学界对胜任力模型认识的深入，很多企业已经不满足于仅仅构建起胜任力模型，胜任力模型的应用也越来越受到重视，以应用为导向的胜任力模型逐渐成为国内胜任力模型构建的主流思路。另外，明确构建胜任力模型的应用型目标，一方面有助于构建胜任力模型的项目获得持续不断的支持；另一方面，可以使得所有参与者的工作焦点更为集中，从而保证项目的顺利进行。以应用为导向的胜任力模型构建思路不仅将胜任力作为一种区别绩优员工与普通员工的标准，更关注如何将这一标准与企业的经营发展相结合，将其应用于与企业战略相适应的人力资源管理当中。因此构建胜任力模型的目标即将胜任力模型应用于培训等人力资源管理中。

二、企业构建应用型胜任力模型的原因

"企业为什么要构建应用型胜任力模型？"尽管胜任力模型的应用价值高、应用范围广泛，但只有和企业的实际情况紧密结合时，才能发挥应有的作用。因此，在构建胜任力模型前必须要确定该模型的应用价值。这需要结合企业的规模、发展阶段和目前企业在人力资源管理过程当中遇到的问题具体分析。例如，国内某知名钢铁企业构建了胜任力模型，用于后备人才的选拔和培养。其目的是为企业业务向上、下游产业拓展储备大量的人才，帮助企业实现由"精品战略"转向"精品+规模战略"提供有力的人才保障。

三、企业构建胜任力模型的对象

在确定了企业构建胜任力模型的目标和原因后，则需要围绕这一目标考虑到底对哪

些工作、职能或者事业部进行改进,从而确定构建胜任力模型的对象。胜任力模型根据对象可分为三大类,分别是全员核心胜任力模型、领导力模型和专业能力模型。全员核心胜任力是指公司全体员工所需要的观念特征,包含企业所期望的员工品性特征,反映企业和组织的价值和文化。领导力反映了行业或组织的知识以及履行不同职能所必须具备的综合管理能力。专业能力是履行一个工作岗位或角色所必须具备的产品、服务、流程和技术应用等专业的知识和技能,如销售、市场、财务、人力资源管理等。构建胜任力模型的对象需要根据目标来确定。比如,企业在宣传贯彻企业文化时,常会选择全员通用胜任力模型;在企业战略落地时,常会选择领导力模型;在培养企业的关键岗位上的核心人才时,常会选择专业能力模型。

四、企业构建胜任力模型的计划

在确定了项目的目标和范围后,一般要按照项目管理的思路对执行过程中的各个环节进行细致规划,即在有限的资源约束下,运用系统的观点、方法和理论,对项目涉及的全部工作进行有效的管理。这需要制订出详细的项目计划。计划是通过文字和指标等形式确定在未来一段时期内工作的内容、方式方法和时间安排的管理,是控制工作量、评估项目进展和项目相关人员沟通的主要工具。不同类型项目的项目计划不同,就构建胜任力模型的项目而言,模型的构建模式主要有两类。

第一类模式是"从零开始"的传统模式,这种方式需要通过归纳法及演绎法来收集、分析企业内部高绩效员工的行为案例,精细加工汇编,为企业量身定做,形成符合企业特色的胜任力模型成果。该种建模方式适用于企业内的任何工作、职能或者角色,且具有较高的针对性和企业自身特色,在后期的人力资源管理过程中的衍生价值更大,但是由于它的资料收集及分析过程较为复杂,因此比较浪费人力、物力。

第二类模式是在已有模型的基础上进行改造和调整的简易模式,这种模式以经过验证的胜任力模型为基础,通过对企业的了解,在原有模型的基础上进行修改和完善。这种方式由于节省了大量的人力、物力和时间,因此效率高、成本低,但由于没有经过实际数据的收集、分析和论证,使得模型成果的针对性及组织特色不够鲜明,后期所衍生的使用价值不如第一类模式高。

由于第一类构建模型的模式所需的技术更为复杂,构建的模型的衍生价值更大,本章主要对第一类构建模型的模式进行介绍。该种建模方式的项目执行流程总体可以分为三个阶段,分别是:模型分析、初稿研讨、校验定稿。

在模型分析阶段,项目组的主要工作是通过行为事件访谈、专家访谈、内容分析法、文献法等方法,调研确定目标岗位的工作内容、岗位职责、工作要求和高绩效的行为事件;在初稿研讨阶段,主要是针对前期收集的数据及资料进行汇总整理,结合实际情况,探索出管理人员岗位胜任力模型的编制方法,形成知识、技能和潜能模型;在校验定稿阶段,主要是通过专家小组评价法、数据分析法,确定最终的模型结构及内容。项目计划最终可用列表的形式呈现出来,清晰明了,且方便查看项目的进度。一般而言,项目计划列表的内容主要包括工作的具体步骤、每项工作的责任人、时间安排、工作产出等。

五、企业构建胜任力模型的结果

确定企业构建胜任力模型的实施目标实际上是对构建模型的结果进行预期,并告诉我们该如何判断是否已经取得了这些成果。一个好的构建模型的实施目标应具备以下特点:首先,它必须是清晰、具体、明确的,应当说明时间、对象和效果等信息;其次,它是现实可行的,标准的设定要符合企业的实际情况和构建模型的目标;最后,它是可以被衡量的。

第二节　构建模型的前期准备

"磨刀不误砍柴工",在制订胜任力模型构建方案之后,仍需要做好一些其他的准备工作。准备工作是项目开展的基础,准备工作能否到位直接影响到项目是否能够顺利实施。本节将从岗位梳理和模型调研两方面来介绍构建胜任力模型的前期准备工作。

一、岗位梳理

为厘清各岗位之间的工作汇报关系,对公司内部各岗位人员的状况有较为系统全面的掌握,从而为管理岗位胜任力研究提供依据。

(一)岗位梳理的目的

(1)岗位梳理的根本目的是使岗位的分布和组合能最好地完成企业的主要经营活动。

(2)通过岗位梳理厘清各岗位之间的工作汇报关系,对公司内部各岗位人员的状况进行较为系统全面的掌握,为管理岗位胜任力研究提供依据。

（3）有利于组织精简，提高工作效率。

（4）为公司人才引进、内部选拔提供可衡量的依据。

（5）为公司人力资源体系建设奠定基础，包括薪酬设计、绩效评估、培训等。

（二）岗位梳理的基本原则

（1）全覆盖：按照序列与专业分类，根据各电力企业最新岗位说明书，按照专业类别对其下属的各个岗位进行梳理，保证对所有的岗位全面覆盖。

（2）独立互斥：避免重复建设，将工作职责相同但属于不同部门的岗位进行合并以及优化调整。

（三）岗位梳理的主要内容

（1）首先对原有岗位进行整理，了解分属于电力公司本部、地市级单位和县级单位的岗位设置状况，明确以下两个问题：

①目前已经设置了哪些岗位？

②这些岗位的工作是什么？

（2）岗位梳理时要根据已经明确的现有岗位设置状况，解决以下三个问题：

①是否有新的岗位出现？

②有哪些岗位工作内容或工作职责发生了改变？

③原来梳理的岗位有没有需要合并或删减的？

（3）在岗位梳理过程中，应该着重于岗位的工作职责、权限、工作目标、工作关系等方面的梳理，可以从"专业""业务流程""工作任务"等多个角度梳理。

（四）岗位梳理的主要方法

可以通过问卷调查法、访谈法等工作分析方法，对不同专业职系的相关工作人员就有关基本要素进行提问，确定岗位的特点。

1. 问卷调查法

问卷调查法也称"书面调查法"，或称"填表法"，是用书面形式间接搜集研究材料的一种调查手段，通过向被调查者发出简明扼要的征询单（表），请他们填写对有关问题的意见和建议来间接获得材料和信息。

2. 访谈法

访谈，就是研究性交谈，是以口头形式，根据被询问者的答复搜集客观的、不带偏见的事实材料，以准确地说明样本所要代表的总体的一种方式。尤其是在研究比较复杂的问题时需要向不同类型的人了解不同类型的材料。访谈法收集信息资料是通过研究者与被调查对象面对面直接交谈的方式实现的,具有较好的灵活性和适应性。访谈广泛适用于教育调查、求职、咨询等,既有事实的调查,也有意见的征询,更多用于个性、个别化研究。

实际工作中,大多数岗位分析包括以上要素,但是细目和方式却各不相同,用各种具体方式处理这些要素要根据所制订的岗位评价方案和企业特点而定。

（五）岗位梳理的基本要求

（1）岗位梳理是一项系统性工作,因此在岗位梳理过程中,必须明确规范"岗位名称"的标准语,统一认识。

（2）岗位梳理需要用简洁明了的语言对岗位名称和岗位职责范围作明确规定。采用严谨语言进行描述,避免含糊不清。对职责相同的岗位统一用一个称谓,避免不同岗位的职责相同或相似。

（六）岗位梳理实例

本实例针对管理岗开展岗位梳理,结合电力公司的实际情况,分层分类梳理出管理人员岗位。

（1）岗位分层:根据电力公司的岗位设置规范,主要包括本部分公司及子公司、地市级单位、县区级单位三个层次。管理岗的岗位级别可以划分为处级、副处级、科级、副科级。管理岗的岗位序列可以划分为专业管理序列和决策管理序列。

（2）根据所属单位和部门职能承担不同,管理岗主要包括办公室、人事部、人力资源部、财务部、企业管理部、计划发展部、市场营销部、信息、安全监察、纪检监察、党群等25个部门的典型岗位。地市级单位包括安全监管部、办公室、变电管理所、财务部、工会、基建部、计划发展部等26个部门的典型岗位。将岗位与层级相对应,形成电力企业公司管理岗梳理表。

二、调研准备

为更高效、准确地收集建模所需的资料,需进行专家访谈的准备工作。

（1）撰写访谈计划,形成访谈方案:制订访谈提纲、访谈日程表、访谈记录表,准备访谈所需材料和工具。

（2）访谈对象的选取和访谈对象资料获取的协商、沟通。了解被访者的背景资料,如姓名、年龄、部门、岗位、学习经历与工作经历等信息。

（3）访谈时间、地点安排的沟通。

（4）部门负责人访前与被访谈者沟通（告知访谈目的，合理调整时间）。

（5）课题组分工组成访谈小组，明确访谈目标、访谈内容、访谈流程，分配各小组的访谈任务。

三、访谈实施

访谈过程中，需要重点针对模型构建思路和岗位梳理的结果与专家展开交流。

（1）明确建模对象：在建模前，须明确建模的对象。本书主要针对的是电力企业员工的胜任力模型，因此应对电力企业中员工进行分析。对于已有模型的岗位，则在既有模型基础上进行建模。

（2）明确模型分类：电力企业一般包括专业管理序列和决策管理序列，针对不同管理序列确定模型分类。专业管理序列包括省公司科长、地市县区部门负责人按18类建模、省公司部门副职按8类建模；决策管理序列按正职、副职建模，其中副职按生产、职能两类建模。

（3）明确模块划分及其定义：分为知识、技能和潜能，其中知识、技能细分为基础、专业和相关，潜能分为通用与鉴别。模块比重应在模型应用的时候动态确定，比如用于选聘或培训的比重应该不一样。

（4）明确题库建设和测评方式：知识、技能的题库，重点在于开发解决业务问题的实践性题目、综合性题目（答辩、情境式考核），而非理论性的题目。潜能的题库，以经典心理测试、无领导小组讨论等题目为重点。

构建胜任力模型的前期准备需要制订合理的项目方案，作为整个项目的行动指南。另外，项目的前期准备还需要进行岗位梳理和模型调研。如同建造房屋一样，只有地基打得牢固，房屋的地上部分才能稳固。尽管构建胜任力模型前期准备工作量较大，但是不可或缺的。

第三节　构建模型的原则与方法

一、构建胜任力模型的基本原则

在提炼评价要素和评价内容时需注意的原则如下：

（1）评价内容的合理性：评价内容需符合岗位的实际工作，能够体现工作任务核心能力要求，而不是具体工作事项。

（2）评价内容的一致性：评价内容描述方式要统一一致，并且准确规范。

（3）评价内容的规范性：评价内容描述要达到规范性要求，评价标准的语言描述规范一致，评价内容的描述通顺严谨，不存在语病。

（4）评价要素的区分度：评价要素应覆盖本专业类别最关键的工作，评价要素所要求的能力能区分优秀员工与绩效一般员工，也能区分应该掌握此能力的员工和对此能力要求不高的员工。

（5）评价要素的颗粒度：相同级别的各评价要素所要求的能力范围大小应一致。

（6）评价要素的逻辑度：相同级别的各评价要素之间不应该存在包含与被包含关系，且排列顺序应合理。

二、构建胜任力模型的基本方法

本书所讲的构建方法主要针对岗位胜任能力中知识、技能部分模型的编制技术，包括资料分析法、访谈法、问卷调查法、职能分析法、行为事件访谈法、德尔菲法、专家小组或焦点小组法、麦克莱兰的胜任力词典、外部标杆法等多种研究方法。

（一）资料分析法

资料分析法是收集相关文件资料，了解并进一步调查每一项工作的任务、责任、权力、工作负荷、任职资格的方法。岗位责任制是国内企业特别是大中型企业十分重视的一项制度，但岗位责任制只是规定了工作的责任与任务，没有规定该项工作的其他方面，如工作的社会环境、自然环境、聘用条件、工作流程以及任职条件等。根据企业的具体情况，利用资料分析法，可以对岗位责任制添加必要的内容，形成一份完备的工作描述与任职说明书。

（二）访谈法

访谈，就是研究性交谈，是以口头形式，根据被询问者的答复搜集客观的、不带偏见的事实材料，以准确地说明样本所要代表的总体的一种方式。尤其是在研究比较复杂的问题时需要向不同类型的人了解不同类型的材料。访谈法收集信息资料是通过研究者与被调查对象面对面直接交谈方式实现的，具有较好的灵活性和适应性。访谈广泛适用于教育调查、求职、咨询等，既有事实的调查，也有意见的征询，更多用于个性化案例研究。

（三）问卷调查法

问卷调查法也称"书面调查法"，或称"填表法"，是用书面形式间接搜集研究材料的一种调查手段。通过向被调查者发出简明扼要的征询单（表），请他们填写对有关问题的意见和建议来间接获得材料和信息。

按照问卷填答者的不同，问卷调查可分为自填式问卷调查和代填式问卷调查。按照问卷传递方式的不同，自填式问卷调查又可分为报刊问卷调查、邮政问卷调查和送发问卷调查。按照与被调查者交谈方式的不同，代填式问卷调查又可分为访问问卷调查和电话问卷调查。

（四）职能分析法

职能分析法关注的是可以接受的最低限度绩效。这种方法将焦点放在实际的工作上，而不是关注个人，通过分析，识别出一个职位或工作的职能。职能分析法的步骤是：首先需要调查职位的工作责任、任务、角色和工作环境，同时提取、分析该职位的工作职责和其扮演的关键角色；然后对可接受的标准或绩效进行描述，根据角色和工作职责确定胜任力特征；最后确定胜任力模型。浙江大学王重鸣教授就运用基于胜任力的职能分析法，编制了管理综合素质评价量表，并运用这一量表调查了通信行业 220 名中高层管理者，采用因素分析和结构方程模型检验了得到的通信企业高级管理者的胜任力特征模型。

（五）行为事件访谈法

行为事件访谈法是麦克莱兰提出来的建立胜任力模型中应用最广泛、最有效的方法，是一种开放性的、探索行为方式的访谈。行为事件访谈法是在关键事件访谈法和主题统觉测验的基础上提出来的，采用问卷对绩效优秀组和绩效普通组分别进行访谈，要求受访者回忆他们在过去确实发生过的关键事例，包括成功事例、不成功或负面的事例，并且让被访者详细地描述整个事件发生的起因、经过、结果、时间、相关人物以及自己当时的想法等。访谈者需要在访谈的过程中进行记录，并且要对访谈记录的结果进行内容分析，统计各种胜任力特征要素在报告中出现的频次，然后对绩效优秀组和绩效普通组的胜任力特征要素发生的频次及相关程度进行比较，找出两组的差异所在，建立胜任力特征模型。行为事件访谈法具有良好的信度和效度，受过训练的不同编码者采用最高分数和频次进行编码，其一致性保持为 74%～80%。

（六）德尔菲法

德尔菲法，又称专家规定程序调查法。该方法主要是由调查者拟定调查表，按照既定程序，以函件的方式分别向专家组成员进行征询，专家组成员又以匿名的方式（函件）提交意见。经过几次反复征询和反馈，专家组成员的意见逐步趋于集中，最后获得具有很高准确率的集体判断结果。

德尔菲法本质上是一种反馈匿名函询法。其大致流程是：在对所要预测的问题征得专家的意见之后，进行整理、归纳、统计，再匿名反馈给各专家，征求其意见，集中处理后，再次反馈，直至得到一致的意见。

德尔菲法有三个明显区别于其他专家预测方法的特点，即匿名性、多次反馈、小组的统计回答。

（七）专家小组或焦点小组法

专家小组或焦点小组法，也就是专家评定法，在实际中应用很广泛。小组成员由了解该工作的人组成，采用头脑风暴法确定成功完成该工作需要具备哪些胜任力。这种方法能够有效地获得胜任力组合，但是不能得到全部的胜任力组合，可能会忽视某些重要的胜任力。一般来说，专家小组获得的胜任力准确率仅相当于行为事件访谈法的50%左右。

（八）麦克莱兰的胜任力词典

自1989年起，美国心理学家麦克莱兰和斯潘塞开始对200项工作所涉及的胜任力进行研究，通过观察从事某项工作的绩优人员的行为及其结果，发掘导致其绩优的明显特征。经过逐步发展与完善，总共提炼并形成了21项通用胜任力要素，构成了胜任力词典的基本内容。研究小组归纳了一系列行为方式，记录了大约760种行为特征。其中与360种行为特征相关的21项要素，能够解释每个领域工作中80%～90%的行为及结果。因此，这21项要素便构成了胜任力词典的基本内容，并且每项胜任力都会由对应的各种行为特征来加以阐释。

事实上，对于一个处于不确定性环境中的企业而言，应不断更新、提炼、添加与剔除，动态维护胜任力词典。这个过程不但不能违背企业培育核心竞争力的要求，同时还要能够体现胜任力词典为企业创建个性化胜任力模型所发挥的基本依据与标尺的作用。

（九）外部标杆法

外部标杆法是指从外部找标杆，借鉴成功企业的做法，分析找出成功企业绩效优秀者区别于绩效普通者的胜任力特征,将得出的胜任力特征与本企业的实际情况相结合,在此基础上构建适用于本企业的胜任力特征模型。通过此种方法构建的胜任力特征模型具有一定的前瞻性,但对标杆企业有一定的要求,并不是所有成功企业都可以作为标杆企业,标杆企业应与本企业具有相类似的内外部环境、组织形态等。

第四章 胜任力模型的开发与构建

本章主要阐述具体的管理胜任力模型的开发与构建,首先对构建胜任力模型的思路和步骤进行简要说明,即岗位梳理—访谈调研—基础知识、基础技能模块构建—专业知识、专业技能模块构建—通用素质、鉴别素质潜能模块构建—管理岗位胜任力模型确立。岗位胜任力模型结构在第一章进行了介绍,岗位梳理和访谈调研在第三章都有详尽的介绍,因此本章主要对后面几个步骤进行阐述。

第一节 构建胜任力模型的思路和步骤

在胜任力模型的构建活动中,还需对模型构建工作进一步细化。构建胜任力模型的具体思路如下:第一阶段是数据的调研和分析,主要通过实证调研方法收集数据并进行分析,通常使用的方法有岗位梳理、行为事件访谈和问卷调研;第二阶段通过对访谈记录和岗位梳理结果的分析,对基础知识、基础技能模块,专业知识、专业技能模块和通用素质、鉴别素质潜能模块划分维度和等级,寻找出可能影响员工绩效的关键能力,形成各模块能力库;第三阶段参照各模块能力库形成知识、技能、潜能三个维度的管理胜任力模型,主要对第二阶段寻找到的关键能力进行分类,确定其重要等级,并将寻找到的各个关键能力梳理整合为管理胜任力模型。

第二节　胜任力模型构成要素分析

根据岗位胜任力冰山模型可知,知识与技能作为外部特征,最易被观察与影响,同时也是作为胜任岗位的基础条件。胜任岗位所需的能力是在长期工作过程中不断积累、锻炼,并受工作岗位与性质的影响逐渐突显形成的能力,能力的塑造需要锻炼,需要相应环境的影响。与前两者相比,意识与态度是个人思想层面的反映,是个人对事物的理解、认知,受外力训练与干预的影响较小,多受个人主观因素影响,因而在构建胜任力模型中意识态度作为核心部分,其次是能力,最后是知识与技能,由此形成岗位胜任力的构成层次。

中层管理者胜任力模型构成分为意识态度、通用能力、鉴别能力、知识技能。

专业技术人员胜任力模型构成分为意识态度、管理能力、专业能力、知识技能。

一、构成要素定义

(1)意识态度:指个体对事物的理解、认知,是一种对事物的感观思想,是观念、观点、概念、思想、价值观等要素的总和。

(2)通用能力:指各专业类别共同具备的若干指标组合,是中层管理岗位应具备的共性标准。

(3)鉴别能力:指各专业类别具有的个性化指标组合,区别于其他的专业类别,是承担相应部门工作的管理人员所具备的针对性标准。

(4)管理能力:指各专业类别共同具备的指标组合,是专业类别岗位应具备的共性标准,体现于专业技术人员在对自身的管理及对职责内事务的管理,区别于中层管理者对部门、人员等内容的管理。

(5)专业能力:指某个特定角色和工作所需要具备的本专业序列与职责要求的技能。

(6)知识:是人们在改造主观意识和客观世界的实践活动中所获得的各种经验和认识。

(7)技能:是个体通过训练而获得的顺利完成某种工作任务的动作方式,包括心智活动方式和动作系统。

二、岗位胜任力模型要素具体分类

能力是完成一项目标或者任务所体现出来的综合素质,和人的实践相关联。离开了具体实践既不能表现人的能力,也不能发展人的能力。本节通过对电力企业岗位信息的充分分析、员工的行为体现以及实际工作中对员工行为的要求,将意识态度及能力进行了行为层面的分解。

(一)中层管理者

1. 意识态度

意识态度分为:政治意识、保密意识、服务意识、大局意识、风险意识、安全意识、原则性、亲和性。

2. 通用能力及能力细分

学习创新能力:知识获取、理解能力、运用能力;

部署培育能力:潜能发掘、换位思考、过程管控、语言表达;

领导能力:凝聚力、带队能力、员工关怀、影响力;

沟通能力:准确表达、注重对象、高效共识;

组织协调能力:综合协调、资源配置。

3. 鉴别能力分别进行分解

语言组织与表达能力:数据筛选与分析、总结归纳、语言表达;

问题发现与解决能力:洞察观察、问题搜集、根本原因分析、系统管理;

关注细节:多方验证、监督他人;

政治敏锐性:政治领悟力、前瞻性、政策把握能力;

数据收集与分析能力:数据搜集、数据甄别、根本原因分析;

计划统筹能力:目标分解、系统管控、过程管控;

关系建立与维护能力:利益联盟、巧借力法。

(二)专业技术人员

1. 意识态度

意识态度分为:服务意识、前瞻性、全局意识、原则性、大局意识、风险意识、安全意识、抗压力、创新意识、亲和性。

2. 管理能力及能力细分

逻辑能力:策划规划、推理演算、系统思考;

时间管理能力：四象限管理、任务分解、计划控制；

语言组织与表达能力：数据筛选与分析、总结归纳、语言表达；

问题发现与解决能力：洞察观察、问题搜集、根本原因分析、系统管理；

关注细节：多方验证、监督他人；

政治敏锐性：政治领悟力、前瞻性、政策把握能力；

数据收集与分析能力：数据搜集、数据甄别、根本原因分析；

计划统筹能力：目标分解、系统管控、过程管控；

组织协调能力：资源配置、综合协调；

学习能力：知识获取、理解能力、运用能力；

沟通能力：准确表达、注重对象、高效共识。

第三节　管理人员知识技能潜能模块构建

一、基础知识、基础技能模块构建

基础知识、基础技能模块是所有管理人员通用的知识和技能，主要内容为电力企业管理人员常用的管理知识和技能。一方面需要结合电力企业实际，在模型中体现公司对管理人员的能力要求；另一方面需要从企业管理的角度出发，分析企业管理所需的知识和技能。

（一）公司特征分析

为了正确反映电力企业管理人员岗位所需的能力要素，需要对电力企业发展战略、愿景、使命、核心竞争力和价值观等进行解读。同时结合访谈，明确公司相关领导对管理人员的能力期望，分析提炼出一部分能力要素。

（二）管理类资料分析

管理类资料分为公司内部资料和外部资料两大类。公司内部资料主要包括中高级管理人员课程体系、一般管理人员培训规范、专业技术人员岗位胜任力模型、培训规范等。公司外部资料主要包括 MBA 课程、通用管理培训课程以及经典的企业管理类书籍。

先将符合定义的能力要求甄选出来,再进行优化、重组、整合,消除冗余,初步形成基础知识、基础技能模块的要素。

(三)维度等级划分

由于在企业中,管理人员分为基层管理、中层管理和高层管理,管理人员的层级不同,其针对同一能力要素的等级要求也会存在一定差异,因此应对各能力要素的等级进行划分。根据一般企业的管理分类,管理相关的基础知识、基础技能模块可以划分为两大类:一类是综合管理,主要包括企业战略、文化等较为全面、综合的知识技能;另一类是业务管理,主要包括生产、物资、财务等与公司生产运营直接相关的知识技能。决策管理序列和专业管理序列在基础知识、基础技能模块的区分主要体现在各维度要素等级要求的差异,如针对决策管理序列,要求重点掌握综合管理维度的内容,而针对专业管理序列,要求重点掌握业务管理维度的内容。所以需要针对不同层级的管理人员进行维度等级划分。

(四)形成基础知识、基础技能模块能力库

将基础知识和基础技能所包含的能力要素设计成"能力库"的形式,"能力库"涵盖所有专业管理类和决策管理类模型所需的基础知识和基础技能。

结合电力企业的实际,电力企业的管理分类还增加了管理提升知识、管理提升技能这两个维度,主要包括政治理论知识、政治分析等内容,以提升管理人员的政治素养、增加前沿性的知识技能储备。

综上所述,对基础知识、基础技能各能力要素的具体内容进行补充和划分,从而形成基础知识、基础技能能力库。

(五)岗位特征分析

根据专业管理与决策管理工作性质的差异,初步判断基础知识和基础技能应该掌握的程度,如专业管理类,在综合管理维度需要达到Ⅱ级,在业务管理维度需要达到Ⅲ级;而决策管理类,在综合管理维度需要达到Ⅲ级,在业务管理维度需要达到Ⅱ级。

二、专业知识、专业技能模块构建

专业知识和专业技能是管理人员从事具体专业事项管理的专业基础。管理人员胜任力模型的专业知识、专业技能具有以下特征:

(1)专业技术人员知识和技能的延伸与拓展。作为专业技术人员的直属经理和领导

者,管理人员知识和技能的结构和内容都与专业技术人员并无本质的差异,但也并非完全一致,应该体现出一定的延伸与拓展。

(2)专业知识、专业技能模块要素设置不宜过细。由于管理人员一般都具备丰富的工作经验,并且在实际管理工作过程中较少涉及具体的业务操作,因此专业知识和专业技能模块能力要素不宜过细。

(3)决策管理类和专业管理类的专业知识和专业技能存在一定的差异。决策管理类的知识和技能综合性更强,涉及范围更广,往往横跨多个专业;而专业管理类的知识和技能则更加深入,专业性更强。

从管理人员专业知识和专业技能的特点出发,采用以下步骤构建专业知识和专业技能模块。

(一)专业技术类模型整合

以电力企业专业技术人员培训规范为基础,提取其中的专业知识和专业技能部分,将同一序列的专业知识和专业技能整合,作为管理类专业知识和专业技能的基础。以规划计划类为例,其专业技能整合了规划专题与并网管理、环保管理、节能管理、线损管理等 10 个要素。

(二)专业类资料分析

根据员工的职业发展路径以及公司各职能部门岗位的分工,管理人员与专业技术人员在专业知识和专业技能的结构与内容上都存在一定的承接关系。因此,对专业技术人员的知识与技能进行分析,从而得出管理人员的专业知识与专业技能的结构。在此基础上,结合行业内优秀的教材和专著,对管理人员的专业知识与专业技能进行进一步的扩展与提升。

(三)形成专业知识、专业技能库构建

根据对管理人员岗位说明书的分析,可以将工作职责具体划分为五类,即执行、组织、监督、计划和决策。其中,专业管理序列的职责主要在组织、监督两部分,决策管理序列的职责主要在计划、决策两部分。因此,对专业知识和专业技能的划分也可以分为 3 个层次。

对专业技术人员模型和专业类资料分析,形成了人力资源序列、财务会计序列、规划计划序列、基建工程序列、企管序列五类专业知识和专业技能。

（四）专家法

请相应岗位的专家对专业知识、专业技能库的内容进行初步的判断，选择与他们的岗位职能（组织、监督、计划、决策等）联系紧密的知识和技能，组成对应岗位的胜任力模型中的专业知识、专业技能模块。

三、通用素质、鉴别素质潜能模块构建

潜能模块由通用素质潜能和鉴别素质潜能两部分组成。其中，通用素质潜能指管理类岗位通用的潜能，如影响力、组织协调能力等。鉴别素质潜能指区别于其他岗位特有的潜能，如服务意识、关注细节等。虽然通用素质潜能和鉴别素质潜能存在一定差异，但构建方法基本一致。

（一）编制潜能词典

编制潜能词典是胜任力研究常用的方法之一。潜能词典是预先研究、提炼的潜能特征的归类集合。潜能词典是行为事件访谈的基础，因此词典的编制工作需要在访谈开展之前完成。潜能词典的来源主要包括两部分：一部分是借鉴已有的胜任力模型；另一部分是来源于公司的整体战略、文化等。结合这两方面的内容，确保词典的科学性和适用性。

1. 借鉴与积淀

结合电力企业已经形成的管理胜任力词典以及电力行业内部的经典胜任力词典以及以往项目经验，经过课题组的研究和讨论，从中提取与电力企业公司管理人员相关的素质，这些素质均为冰山下的潜能部分。

（1）收集公司已经成型的管理胜任力模型，从中提取潜能要素。

（2）根据经典胜任力潜能词典、经典心理测验，结合企业实际，逐项分析提炼与行业相关的胜任力要素，具体参考资料包括麦克莱兰胜任力词典、斯潘塞的胜任力词典、卡特尔 16 种人格因素测验等资料。

（3）结合以往项目经验，对提取得到的胜任力要素进行提炼和筛选。

2. 结合企业实际

（1）从公司战略提炼潜能要素。企业战略是企业以未来为基点，在分析外部环境和内部条件的现状及其变化趋势的基础上，为寻求和维持持久竞争优势而做出的有关全局的重大筹划和谋略。企业制订战略要思考的问题有：企业是什么（使命和愿景）、要做什么（方向）、做多大（目标）、何时做及如何去做（步骤和策略）。

从企业战略提炼胜任力特征,遵照的是从宏观到具体的思路。首先通过收集公司企业发展战略的书面资料,从中寻找并确认本企业发展战略的文字表述,确认企业发展战略的内涵。然后根据企业战略方向、战略目标,采用发散思维的方法,逐项确定企业发展战略和目标各项内容对应的行为要求。

(2)从企业文化提炼潜能要素。企业文化是企业在发展过程中逐步形成的,为全体员工所认同并遵守的,带有本组织特点的使命、愿景、宗旨、精神、价值观和经营理念,以及这些理念在生产经营实践、管理制度、员工行为方式与企业对外形象体现的总和。例如客户至上、以人为本、乐观进取、诚实守信、追求卓越等。

从企业文化开发胜任力遵照的是由抽象到具体的思路,体现的是理念与行为的一致性。首先通过收集有关本公司企业文化的书面资料,从中寻找并确认本企业文化的文字表述,确认企业文化的内涵。一般来说,企业文化的内容主要包括经营哲学、价值观念、企业精神、企业道德、团体意识、企业形象、企业制度等方面。然后分析企业文化的各项内容对应的行为要求。采用发散思维的方式,逐项确定每一项文化内容对应的行为要求。

(3)从岗位要求提炼潜能要素。岗位说明书是对工作进行描述的书面文件,包括工作基本信息、岗位设置目的、工作协调关系、主要职责、工作环境等,以及任职资格要求(如教育水平、技术、专业、经验、知识培训等),因此岗位说明书是从岗位要求提炼潜能要素的重要依据。

从岗位要求提炼管理者的胜任力遵照的是由外到内的思路,由岗位特征和职责范围确定胜任力特征。首先,采用讨论法,将企业管理岗位的工作和职责范围分别列出;其次,归纳作为下一步研究的依据,针对每一项工作,按照计划、执行、改进的工作流程,穷尽且无重复列举做好该项工作所需的胜任力;最后,将词义相近或意思重合的词条合并删除。

3.完成潜能词典的编制

按照公司岗位胜任力模型及评价标准建设的要求,将前期研讨、分析过程获取的有效数据进行整合、汇总、筛选、合并,最终得出管理人员潜能词典。

(二)行为事件访谈

行为事件访谈法是一种开放式的行为回顾式探索技术,是揭示胜任力特征的主要工具。这是一种结合约翰·C.弗拉纳根的关键事例法与亨利·默瑞的主题统觉测验的访谈方式,主要的过程是请受访者回忆过去半年(或一年)在工作上最具有成就感(或挫折感)的关键事例。

1. 访谈实施

协商沟通取得被访谈者名单,征得被访者同意获取被访谈者基本背景资料之后,访谈员与被访谈者之间进行开放式的面谈,采用 STAR 方法对被访谈者的经历进行行为回顾,访谈对象用自己的话详尽地描述其成功或具有挑战性的工作经历,以及是如何做的、感想如何等。行为事件访谈用以发现什么样的能力素质使优秀员工走向成功。

STAR 方法主要有以下四个问题:

(1)S(situation)。"那是一个怎么样的情境? 什么样的因素导致这样的情境? 在这个情境中有谁参与?"

(2)T(task)。"您面临的主要任务是什么? 为了达到什么样的目标?"

(3)A(action)。"在那样的情境下,您当时心中的想法、感觉和想要采取的行为是什么?"在此,要特别了解被访谈人对于情境的认知和事例的关注点。如,被访谈人如何看待其他的人(例如,肯定或是否定)或情境(例如,问题分析与解决的思考)? 被访谈人的感受是什么(例如,害怕、信心、兴奋)? 被访谈人内心想要做的什么? 什么想法激励他们(例如,想把事情做得更好,让老板印象深刻)?

(4)R(result)。"最后的结果是什么? 过程中又发生了什么?"

2. 结果分析

将访谈记录转化为书面文字后,对照潜能词典编码,分析访谈结果,从各种不同情境下被访者相对稳定的行为模式中推断其潜能特征。同时,也可以直接询问被访者本人,对从事工作所需胜任能力的理解结果中获取潜能信息。

参考初步形成的潜能词典,对行为事件访谈资料进行编码、分析和统计,得到各岗位的核心胜任力指标,并提取得出潜能指标的关键行为。提炼潜能时考虑被访谈样本中相同潜能出现的频率,频率高,说明这项潜能是这个岗位所需要的;频率低,也不能说明这项潜能是这个岗位不需要的,应结合具体情况决定,如"逻辑思维能力"是职能类岗位应该具备的潜能,即使出现的频率不高,也应作为该岗位的潜能。

通过行为事件访谈法,基于潜能词典提出的胜任力分类及相关定义,提炼行为事件访谈中所体现的胜任力;在潜能词典之外,对在访谈或调查中新出现的、企业个性化的素质进行分析、提炼;根据访谈中谈及的具体事例,进一步检验潜能词典中定义不准确或模糊之处,作出相应修正。同时提取潜能指标的关键行为特质,得出潜能指标可量化的行为特点,作为潜能指标的评价内容。

(三)问卷调研

当研究对象覆盖范围较大,行为事件访谈并不能覆盖所有的类别和专业时,可以结合问卷调研的形式构建剩余岗位的潜能模块。

根据潜能词典统计的胜任力素质,设计相应的潜能胜任力素质问卷,邀请相关岗位人员填写问卷,并根据问卷分析结果得出各专业鉴别类的潜能素质。

(四)形成潜能能力要素库

不同管理层级所应掌握的潜能能力要素水平应具备差异,将潜能要素按照行为表现由高到低划分为不同级别,共三个层级级别,形成潜能能力要素库。

(五)岗位分析法和专家法

以潜能能力要素库为基础,通过对各岗位相应资料的分析(以岗位说明书为主),提取各岗位职责所反映的潜能要素。通过频次统计,得出相应的潜能要素。比如通过对某电力企业地市供电局岗位说明书说明要素的频次分析可知,决策管理岗位和专业管理类岗位频次较高的潜能要素大致相同,可以取合集,从而得到推动力、计划统筹能力、指导能力、培养能力等11项能力作为通用素质潜能。

鉴别素质潜能的确定,需要具体到实际岗位,筛选掉通用素质潜能,剩下的就是该岗位的鉴别素质潜能。

为了提高模型与岗位的匹配度,需要邀请相应岗位的专家对初步形成的潜能模块的内容进行两方面的判断:一是潜能要素是否属于通用素质潜能、鉴别素质潜能标准是否合理,如果有需要可以从潜能能力要素库中进行增补;二是根据潜能能力要素库中的等级描述,判断本岗位需要达到的潜能等级要求。

第四节　技术人员技能模块构建

一、界定专业技术人员

专业技术人员在本书中特指受过专门教育,具备能从事的专业技术工作或专业技术管理工作的相应资质,掌握科学研究和科学应用领域的专业知识和技能,并从事该领域相关工作的人员。

本书中的专业技术人员限定在从事专业技术工作的领域内,不涉及从事专业技术管理工作的领域。

专业技术人员按照工作领域(技术研发与技术应用)划分,可分为研发型专业技术人员和应用型专业技术人员两大类。

(一)研发型专业技术人员

研发型专业技术人员是指从事研究与开发课题活动的人员,以及为研究与试验开发活动提供直接服务的人员。

研发型专业技术人员主要分布于科研院所、企事业单位的研发中心或技术开发部门等,主要从事理论研究、技术创新、产品开发等创造性工作。

(二)应用型专业技术人员

应用型专业技术人员是指将专业技术直接应用于实际的社会生产生活中并创造出物质财富的人员。

应用型专业技术人员从事与具体的社会生产活动和生活息息相关的工作,把发现、发明、创造变成可以实践或接近实践,承担将发现、发明和创造等转化应用以及实际生产的任务,并创造直接的经济利益和物质财富。

二、专业技术人员特征

(一)研发型专业技术人员基本特征

研发型专业技术人员是一类特殊群体,具有以下几个方面的基本特征:

(1)具有较高的知识含量;

(2)具有较好的创新能力;

(3)具有较强的科学研究能力;

(4)具有较强的成就动机;

(5)能够承担较大的工作压力等。

(二)应用型专业技术人员基本特征

应用型专业技术人员既具有一定的理论水平,又具有较强的实际动手能力与实践技能。因此,应用型专业技术人员具有以下几个方面的基本特征:

1.二次创新性

应用型专业技术人员的创新是把理论知识和技术转化为生产力的"二次创新"。技术二次创新、知识转化能力以及科学研究能力构成应用型专业技术人员的核心特征。

2. 实践性

应用型专业技术人员以实践能力为主,为解决实际问题,要有一定的实际操作能力和专业实践能力。考虑到技术问题具有复杂性,因此,应用型人员还应有利用综合相关知识解决实际问题的能力,尤其是要具备解决现场突发性问题的应变能力。

3. 复合性

应用型专业技术人员的工作是以"应用"为出发点和归宿,突出应用性、针对性、相对独立性和模块化,在能力上主要集中体现在实践能力上,表现为转化能力、应用能力。同时,由于现实中问题存在多样性、复杂性的特点,应用型专业技术人员不仅应具备较强的基础理论知识和专业技术知识,还应具有管理、人际以及其他方面的科学文化知识,所以应用型专业技术人员具有知识结构的多样化、复合型特征。

三、界定专业技术人员胜任力模型

本书中的专业技术人员胜任力模型是指在科学研究和科学应用领域内,从事与专业知识相关工作的优秀专业技术人员,为完成特定工作任务、取得良好绩效所需要具备的知识、技能、品质、工作能力、态度和价值观等胜任力要素的有机组合形式。

专业技术人员胜任力模型可分为研发型专业技术人员胜任力模型和应用型专业技术人员胜任力模型两种类型。

(一)研发型专业技术人员胜任力模型的胜任力要素

按照工作岗位的任务要求,研发型专业技术人员胜任力模型包含以下胜任力要素:

1. 责任心

责任心是指认识到自己的工作在组织中的重要性,认真采取行动去完成工作,并自发自觉地承担工作后果。

2. 自信心

自信心是指一个人相信自己有能力或采用某种有效手段完成某项任务、处理困难情境或解决问题的信念。

3. 成就导向

成就导向是指个人具有成功完成任务或在工作中追求卓越的愿望,不断设定挑战性的目标挑战自我,关注自身职业生涯的发展,追求事业的成功和卓越。

4. 创新能力

创新能力是指关注身边的新技术、新方法和新事物,挑战传统的工作方式,推陈出新,在技术、产品等方面追求卓越,进行突破性创新的行为特征。

5. 专业学习能力

专业学习能力是指在个人工作过程中快速学习专业新知识或项目需要的知识,积极获取与工作有关的信息和知识,从而不断更新自己的知识结构,充实自己的专业知识,并与他人分享专业经验的能力。

6. 团队协作能力

团队协作能力是指个人愿意作为团队中的一员,在团队中主动征求他人意见,与他人互享信息,互相鼓励,为了团队共同的目标与大家通力协作完成任务的能力。

7. 信息搜集能力

信息搜集能力是指根据工作需要,不局限于眼前现有的资料,主动通过各种方法搜集各类相关信息的能力。

8. 归纳思维能力

归纳思维能力是指识别没有明显关系的事物的能力,能够发现和掌握关键问题所在,或用创造性的、概括的、归纳的方法建立新的概念。

9. 知识管理能力

知识管理能力是指在适当的时候把相关的信息与知识传递给适当的人员,使其能够有效地利用信息与知识,采取行动,产生效益,为企事业单位实现显性知识和隐性知识共享提供新的途径。

10. 承受压力的能力

承受压力的能力是指能够在非常艰苦或不利的情况下,克服外部和自身的困难,坚持完成所从事的任务的能力。

11. 文案写作能力

文案写作能力是指收集和整理多种文字、数据和图表等资料信息,撰写具有逻辑性并可以指导实际工作的方案、报告等文案的能力。

(二)应用型专业技术人员胜任力模型的胜任力要素

由于应用型专业技术人员与研发型专业技术人员的特征存在差别,因此其胜任力模型的胜任力要素有所区别。具体来说,应用型专业技术人员胜任力模型一般包含以下胜任力要素:

1. 主动性

主动性是指个人在工作中不惜投入较多的精力,善于发现和创造新的机会,提前预计到事件可能出现的障碍,并有计划地采取行动避免问题的发生,提高工作绩效。

2. 客户服务能力

客户服务能力是指能够收集与获取客户信息,支持建立客户信息系统、完善动态管理、及时更新信息并保证客户信息的准确性,准确了解客户需求和意见,及时沟通、处理并反馈给客户,并满足客户需求的能力。

3. 适应能力

适应能力是指个人在工作及周围的环境发生变化时,能依照情况需求改变自己的工作方法或处理事务方式的能力。

4. 沟通能力

沟通能力是指能够较好地接收并传递信息,正确倾听并准确理解他人意见,同时做出适当反应,说服他人接受自己的意见,并且能够协调不同立场,建立并维持友好关系的能力。

5. 分析解决问题的能力

分析解决问题的能力是指能把复杂问题、过程或项目恰当分解,识别并分析状况及问题成因,从而拿出解决问题的有效方案的能力。

6. 组织协调能力

组织协调能力是指根据工作目标的需要,合理配置相关资源,协调各方面关系、调动各方面的积极性,并及时处理和解决目标实现过程中出现的各种问题的能力。

7. 执行能力

执行能力是指能够迅速理解上级意图,形成目标,整合资源,制订具体的、可操作的行动方案,采取有效措施,按工作计划达成目标的能力。

8. 团队协作能力

团队协作能力是指个人愿意作为团队中的一员,在团队中主动征求他人意见,与他人互享信息,互相鼓励,为了团队共同的目标与大家通力协作完成任务的能力。

9. 计划管理能力

计划管理能力是指运用计划来组织、规划、协调、监督控制生产经营活动,根据现有条件和未来需要配置资源、合理安排时间、制订执行策略,在计划执行过程中及时反馈信息,做出合理调整的能力。

四、专业技术人员胜任力模型构建的步骤

专业技术人员胜任力模型的构建过程由于企事业单位的规模、文化、资源和发展战略的不同而有所区分,但总体上而言,主要包括:准备阶段、收集信息阶段、专业技术人员胜任力模型的相关数据特征获取阶段、初始胜任力模型构建阶段、胜任力模型的检验与

确定阶段。

（一）组建工作组织体系

要确保胜任力模型的顺利开发，就必须组建专业技术人员模型项目小组，确定模型项目小组的负责人和相关工作人员。

小组负责人一般应由组织的高层领导或相关部门的负责人任职，并在其监督下责成人力资源管理者、外部胜任力模型专家顾问以及胜任力模型目标部门负责人组成胜任力模型领导小组。

高层领导主要起领导、指挥的作用，并协调模型项目小组组织其他部门的工作，保证项目小组的各项工作顺利展开；组织人力资源部门人员具体协调、保障模型项目小组的各项工作，同时不断加大建模工作的宣传，减少建模后推行胜任力管理的阻力。

外部胜任力专家顾问主要在方法、技术和工具上给予支持，以确保模型的开发工作更具备权威性、科学性和可操作性。

目标部门负责人是胜任力模型的直接使用者和管理维护者，保证建模的针对性和专业性全面结合。

在领导小组下建立模型项目小组，其中包括数据收集和分析人员、任务报告撰写人员、胜任力测评人员以及沟通联系人员等在内的相关工作人员，人员规模根据具体任务量而定，一般在 10 ～ 15 人为宜。

（二）收集信息阶段

1. 明晰组织发展的战略目标及组织文化

组织战略目标是指组织在实现其使命过程中所追求的长期结果。它反映了组织在一定时期内经营活动的方向和所要达到的水平，既可以是定性的，也可以是定量的，比如竞争地位、业绩水平、发展速度等等。

组织文化是指全体员工普遍认可并共同遵守的组织使命、愿景、宗旨、价值体系、基本信念及行为规范。

明晰组织发展的战略目标，是建立胜任力模型的基础。在此过程中，首先，要认真分析影响组织发展战略中的关键因素，如周到的客户服务、快速的技术研发、高效的管理运作等；其次，要厘清组织发展中所面临的机遇与挑战，明晰组织的发展优势及相对不足之处，趋利避害；最后，分析和探讨企事业单位中的员工素质情况，以确保企事业单位的员工素质现状与现行的企事业单位发展战略、组织文化、业务发展目标相适应、相符合。

企事业单位的战略目标、文化、背景调查需借助胜任力模型将个人因素（如知识、技能、能力、性格、态度、价值观、兴趣）与企事业单位战略目标、文化价值观、愿景联系起来，找出能够胜任职位的最佳人选。因此，必须首先清楚地了解企事业单位战略目标、文化价值观和愿景。只有这样，构建出来的胜任力模型才切合企事业单位的实际，企事业单位的人才战略才能为发展战略服务，从而发掘出符合组织未来要求的人才。

2. 了解企事业单位组织结构及岗位说明

企事业单位组织结构是为了优化管理和生产而建立的企事业单位人员的集合，它具有一定的内部层次和隶属关系特点，反映了企事业单位人员的管理层次，同时也反映了人与工作、权责之间的关系。

岗位说明主要指岗位名称、岗位职责、任职条件、工作技能等方面，也就是说企事业单位发展战略必须落实到岗位职责上，这是胜任力模型的核心内容。通过了解企事业单位组织结构及岗位说明，可以更好地构建符合岗位要求的胜任力模型。

（三）获取胜任力模型的相关数据

1. 划分岗位（或职位）类别（明确胜任力模型类型）

由于企事业单位不必对所有职位建立模型，因此，建立模型必须有针对性和选择性，应充分考虑组织发展规模、发展优（劣）势、组织架构、文化理念、政策制度等方面的因素，结合组织实际，以优化人才结构，提高人才质量，提升发展后劲，增加组织效益为基点，最终确定模型开发的目标层级。因此，在建立胜任力模型之前，模型小组成员要明确所建立模型的岗位（或职位）类别，明确模型的应用类型，做出相应决策。

在组织机构中，要根据组织的人力资源规划，通过专家建模小组讨论。对组织需求岗位（或职位）的职类和职级进行科学的划分，界定出核心岗位和一般岗位、中高层岗位和基层岗位、技术型岗位和管理型岗位。

2. 分析并定义绩效标准

绩效标准是指采用工作分析的各种工具与方法，对各岗位的任务、责任和绩效标准以及期望优秀表现的胜任力要素和特点进行评估，明确工作的具体要求，制订岗位考核指标完成的衡量标准，提炼出鉴别优秀员工与一般员工的标准与规定，或鉴别出符合组织特定岗位要求的标准与规定。

在建立胜任力模型的过程中，要对组织中工作的绩效标准进行定义，明晰优秀员工和一般员工绩效的标准。该标准应包括一些客观量化的绩效指标，应有硬指标，如利润率、销售额等，还必须有软指标，如行为特征、态度、服务对象的评价等。

一般可以采用工作分析和专家小组讨论的办法，确定并鉴别优秀员工与一般员工的绩效标准。

3. 采集胜任力要素样本,获得胜任力模型数据

胜任力要素调研、样本访谈根据制订的绩效标准,要在全组织范围内针对各个职级、职类的不同岗位(或职位),抽选相同数目的优秀绩效样本员工和普通绩效样本员工,以此作为对比样本,采取行为事件访谈法(BEI)、问卷调查法、360度全方位行为评估法等人才评价方法进行访谈和调查,为分析和比较得出各个职位胜任力要素的初步描述工作做准备。

其中,行为事件访谈法(BEI)是揭示胜任力要素的重要工具,由美国哈佛大学心理学教授麦克莱兰于1973年开发。行为事件访谈法通过对绩优员工和一般员工的访谈,获取与优秀绩效相关的胜任力要素信息。通过访谈者对其职业生涯中的某些行为事件的详尽描述,能够比较有效地挖掘被访谈对象的动机、个性特征、自我认知、态度等潜在方面的特征,揭示胜任力要素、行为和绩效之间的驱动关系。行为事件访谈法的主要过程是:针对一个职位,找出两组相对样本,一组为绩效优秀者,一组为绩效普通者;请受访者回忆过去半年(或一年)导致他成功(或失败)的2~3个关键事例,其中包括:①这个事件是怎样引起的;②有哪些人参与;③受访者当时感觉如何;④受访者在当时的事件中最初想完成什么,实际上做了什么;⑤结果如何。行为事件访谈法在应用方面有两个需要特别注意的问题:一是通过过去预示未来。这就要求在访谈中,要让被访谈者以言行实例来回答提出的问题,便于访谈人员掌握其过去行为的一些关键细节,获取比较详细的数据信息。二是所说非所行。在访谈中要注意了解被访谈者过去的实际表现,而不是通过其自身的描述评价和对未来表现的承诺做出判断,以获取比较客观真实的数据信息。

问卷调查法在综合文献、访谈等方法的基础上,将有关目标岗位从业人员需要的胜任力要素整理为一系列问题,编制调查问卷,再发放给相关或类似岗位的员工、上级管理人员等,请他们进行回答并总结经验,最后回收问卷进行数据分析和解释。为保证问卷结果的可靠性,最好能对足够大的样本进行调查。如果企事业单位有现成的职位分析问卷,也可用来进行胜任力要素数据的收集。

360度全方位行为评估法由爱德华和埃文(Edward and Ewen)等在20世纪80年代提出,经美国《华尔街时报》与《财富》杂志于1993年引用后,开始得到广泛关注与应用。该方法是由被评价者的上级、同事、下级和客户(包括内部客户、外部客户)以及被评价者本人担任评价者,从多个角度对被评价者进行全方位评价,其最大特点就是扩大了评价者的范围与类型,使结果更加全面、客观和可靠。

由于构建胜任力模型必须遵循实用性和可操作性的原则,因此以行为事件访谈法(BEI)为主、以问卷调查法和360度全方位行为评估法为辅获得的胜任力模型数据比较有效。

4. 对胜任力模型数据整理、统计分析，提炼胜任力要素

在胜任力模型的建立过程中，要对获取的胜任力模型数据进行整理和统计分析并提炼出胜任力要素。主要是在参照相关行业的胜任力要素数据库的基础上，对模型数据进行分类、归纳和整理。具体而言，需要进行以下的工作：

首先，整理访谈资料，将行为事件面谈的资料录入计算机中，并整理成行为事件访谈报告。

其次，进行信息编码。对访谈报告内容进行分析和确定，将其内容记录分类并量化，这就是所谓的"编码"。具体而言，编码的过程包括以下步骤：①对访谈主题进行编码，记录各种胜任力要素在报告中出现的频次；②将编码得到的数据进行汇总，对绩优组和普通组的要素指标在胜任力要素出现的频次和相关程度、等级差别，运用 SPSS 或 Excel 统计软件进行描述性统计和 T 检验，找出两组的共性与差异性特征；③将差异显著的胜任力要素提取出来并加以定义、分级。在进行信息编码时，还要考虑以下几个方面：①访谈资料中归纳的各项胜任力要素是否已全部整合，避免因胜任力要素名称或其他措辞定义的原因造成疏漏；②根据胜任力要素出现的频率，分析哪些胜任力要素是企事业单位最关注的，哪些是企事业单位中的员工最薄弱与缺乏的，同时总结该胜任力要素对未来组织业务及战略执行的影响；③分析胜任力要素的各种表现是否具有典型性，是多数绩优人员都具备，还是仅有一部分人员具备，是大多数绩效一般的人员都不具备，还是只有一部分人员不具备；④研究访谈及其他相关资料是否真实可信，有无特殊情况或遗漏等。

最后，对胜任力要素进行分级。具体包括以下步骤：①对行为事件进行分级，将处于同一层级的行为事件进行归纳总结，描述成等级评价；②将相应的行为事件附在等级评价下面作为行为描述，形成一个完整的胜任力要素；③用同样的方法编制其他胜任力要素。

（四）界定专业技术人员胜任力要素的内容

专业技术人员胜任力模型的内容主要由要素定义、负向行为和关键行为水平描述等组成。以下通过"沟通协调能力"这一要素进行具体说明。

（1）明确沟通协调能力的定义：选择适当的渠道，采用有效的方式与个人或组织进行准确有效的信息交流和促成一致配合行动的能力。

（2）界定负向行为"A-1"：缺乏沟通意识或技巧，不及时沟通或遗漏环节，造成误解、猜忌，表达过程中使用模棱两可的语言，缺乏倾听对方意见的诚意。

（3）进行行为水平描述，具体可以分为 A0、A1、A2、A3、A4 五种情形：

AO：能通过交流了解他人工作状态、合作意图和立场，有意识劝说他人；沟通协调时注意准确和礼貌用词，避免引起误解。

A1：注重沟通环节，及时征求意见，通报情况；能通过劝说产生影响；能通过联络确认他人计划任务进程、资源变化状况等，组织、调配、补充、替换任务涉及人员或调整任务程序，使任务能顺利进行。

A2：在与他人交流时能够准确理解他人的观点，并积极地给予反馈；表达言简意赅，具有较强的逻辑性，观点清晰明确。

A3：注重沟通技巧，能根据不同情境和对象，灵活运用和及时调整沟通方式，善于说服他人，通过工作交流及为对方提供帮助获得支持。

A4：具有良好的沟通意识，有主动积极地通过沟通解决问题的意识与态度；通过多种渠道积极沟通交流，及时发现问题，解决问题，采用灵活方式推进工作；观点清晰、明确，表达有条理、层次分明、通俗易懂；善于借助非言语技巧反馈交流；能在发生不愉快的情况下，主动和对方接触沟通，或通过多种沟通渠道影响对方。

（五）在胜任力模型构建中设计胜任力要素权重

在数学上，为了显示若干量数在总量中所具有的重要程度，分别给予不同的比例系数，这就是加权思想。显然，各胜任力要素在胜任力模型中的重要程度是不同的，因此需要设计权重系数。

权重系数是表示某一指标项在指标项系统中的重要程度，它表示在其他指标项不变的情况下，这一指标项的变化对结果的影响。权重系数的设计方法主要有以下两种：

1. 经验法

通过访问有经验的专家、学者，以他们在实践中的经验分析哪项指标项重要、哪项指标项不太重要，从而确定这些指标项的权重系数的大小。

2. 多因素统计法

事先设计好一些问卷问题，将各指标项列出来，以最重要、重要、次重要的等级让调查对象打钩，再将调查的结果进行统计计算，以计算出来的排序指数的大小来确定权重系数的大小。

五、构建专业技术人员胜任力模型后分析

（一）验证胜任力模型

在构建胜任力模型的过程中，非常重要的一步就是为保证模型的准确性而对其进行

检验。胜任力模型的检验方法一般有以下四种：

1. 构想效度法

通过编制量表，并选取较大规模的样本进行测试。其后根据测试结果，对量表进行验证性因素分析，考察量表的结构是否与原有模型吻合，从而考察胜任力模型的构想效度。

2. 预测效度法

对模型进行应用的过程实际上就是对胜任力模型最好的验证。将初步建立的胜任力模型应用于组织人力资源管理的招聘与选拔中，观察被测试者的实际工作绩效，从而考察胜任力模型的预测效度。

3. 同时效度符合法

同时效度符合法的效标样本是与测验分数同时搜集的，即在同一时间段上使用第一效标样本的评分标准来预测第二效标样本的胜任力模型正确与否。对于具体实施胜任力模型的检验工作来说，可以重新选取优秀绩效员工与普通绩效员工两组样本作为第二准则再一次进行行为事件访谈，分析模型中所包含的胜任力要素能否区分出优秀组和普通组，从而考察胜任力模型的同时效度。

4. 专家验证法

专家验证法是指通过邀请专家、学者、人力资源管理人员或相对较为熟悉类似工作岗位的员工来进行测评和验证胜任力模型。以项目工作组的分组讨论和共同研讨、召开人力资源专家和企事业单位实战专家论证会、召开组织内部有关部门人员参加的验证性座谈会等方式，对模型的内容、逻辑关系、层次和分级进行验证讨论，并对初始胜任力模型进行校验论证、修改完善。

在以上四种方法中，构想效度法在实践中最为常用。

（二）专业技术人员胜任力模型实施

有的企业花费了大量的时间、人力、物力对每个岗位制订了相应的素质能力要求和行为描述，但在实施中却无从开展。究其原因它们不是与现实状况差距很远，就是缺少相应的人力资源管理手段支持，或与组织文化相冲突，实施成本过高，最终导致企事业单位建立了模型之后将其束之高阁。因此，在构建专业技术人员胜任力模型时需要注意以下几个问题：

1. 专业技术人员胜任力模型要体现行业性和组织性

专业技术人员胜任力模型的行业性体现在，它反映某类行业内对人员的整体素质要求，包括知识、技能的范围以及对所服务客户的认识程度等。专业技术人员胜任力模型的组织性体现在,它反映某个组织对人员的特定胜任力要素要求,并细化到行为方式的程度。因此,在专业技术人员胜任力模型的构建和应用中应充分考虑到行业性和组织性。

2.专业技术人员胜任力模型要以企事业单位战略为基础、与组织文化相协调

企业战略和组织文化是有价值取向的。在构建专业技术人员胜任力模型的过程中,面对众多能力素质时,应以企事业单位战略和组织文化为导向对其进行取舍。如在应用专业技术人员胜任力模型进行人才选拔时,可使得招聘工作在标准化的同时,体现出企事业单位的战略性和文化性。

组织战略是组织行为的出发点和归宿,专业技术人员胜任力模型的建立也应当从组织战略出发。分析战略达成所需的组织能力,继而形成组织级通用胜任力。而针对不同的职位和不同的岗位,则要基于对达成战略所需组织能力的分解,对应而形成。所以建立胜任力模型要清楚了解组织的战略,离开组织的战略做胜任力模型,就变成了"为模型而模型",失去了方向。企事业单位在构建某一专业技术岗位的胜任力模型时,必须从上至下进行分解,将胜任力概念置于"人员—岗位—企事业单位"匹配的框架中。

组织文化是企业内部所共有的信仰、态度和价值观念,它影响着企事业单位专业技术人员的行为,决定了他们对外界事物的看法、判断和反应,并会影响到企事业单位战略的制订和施行。因此,构筑在企事业单位战略基础上的胜任力模型必定要在组织文化的支撑下才能使其效能最大化。所以,企事业单位在胜任力问题上不可以生搬硬套,在一种文化环境中被提倡并发挥作用的胜任力,在另一种文化氛围中可能会遭到排斥。企事业单位在构建专业技术人员胜任力模型时,一定要与其自身的组织文化相一致。

3.要获取企事业单位高层管理者的支持和参与

建立专业技术人员胜任力模型要获得企事业单位高层管理者的高度认同,使其认识到胜任力模型对实施企事业单位战略、实现竞争优势所起的作用并全面广泛地参与进来。只有这样,才能有效地推动胜任力模型的构建与实施。如果没有高层管理者的参与支持,胜任力模型的建立或推广将会遇到极大的阻力,也很难取得良好的效果。需要注意的是,高层领导的支持与参与要让大家有目共睹,以此扩大模型的影响力。比如,他们可以积极投身于高层访谈,提供宝贵的信息资料;可以亲身实践胜任力模型,拥护推广胜任力模型在人力资源管理体系中的应用等。

4.要消除建立胜任力模型给专业技术人员带来的顾虑

胜任力模型的建立必然对专业技术人员的工作现状造成一种威胁,它暗含着要求他们去改变现有的行为方式,专业技术人员会本能地产生对胜任力模型的猜疑、顾虑和抵触心理。要想解决这个问题,就需要加大宣传和教育力度,让专业技术人员将胜任力模

型看成是自身发展和取得成功的助手,而不是企事业单位用于负面绩效考核的工具,要使专业技术人员充分认识和了解胜任力模型,从而把胜任力模型的应用当成是一个改变和提升自身的机会。

胜任力模型有效地界定了岗位对专业技术人员胜任力的要求,帮助专业技术人员了解到企事业单位对自己的期望是什么,如何发展自己的强项,以及需要关注工作中的哪些要素来获得成功。同时,胜任力模型在加强专业技术人员现有优势的基础上,推动其在工作上进行必要的改进,有助于专业技术人员的职业生涯发展。

(三)胜任力模型的实用性

1. 合理定位

首先要认识到胜任力模型仅仅是人力资源管理的一种工具,不可能解决所有问题。胜任力模型不是适用于所有的人力资源管理模块,要用好胜任力模型,就应该认识到胜任力模型是人力资源管理中的一个辅助性工具,其本身不可能独立地发挥作用,只有融入到人员招聘、培训、绩效管理等工作中,其价值才能得到体现。其次要认识到,不是所有职位都需要建立胜任力模型,对关键的价值增值的职位集中进行模型研究才是有价值的。需要通过分析企事业单位发展战略、组织结构、业务流程和企事业单位高层访谈等方式确定关键职位进行模型研究开发。如企事业单位所有管理职位,企事业单位管理者是企事业单位核心竞争力的中枢,其管理能力是牵引员工职业能力发展的核心力量。与技术研发、生产作业以及营销、客户服务相关的职位,它们是企事业单位价值创造的核心环节。

2. 适当量化

胜任力模型的建立和应用既是主观的又是客观的。建立的过程需要专业人员从访谈中提炼出某个职位应具备的胜任力,虽然提炼的依据是收集到的客观信息,但是提炼的过程又是一种主观能动性的体现与发挥,不是对现有行为或特征信息的简单综合。应用的过程中也要依据行为来判断胜任力,类似于模型建立的过程。其主观性的特征决定了如果对胜任力过度地精确量化,就会影响主观能动性的发挥,不符合胜任力模型的特征。适当量化,在一定的客观基础上留有主观发挥的余地,是对胜任力模型最恰当的应用。

第五节　确立胜任力模型

　　知识、技能、潜能三类能力库完成之后，邀请各个岗位的专家（每个岗位至少三名专家，专家在岗时间五年以上），根据其所在岗位的工作性质，判断各能力要素是否适用于本岗位，以及本岗位该能力要素需要达到的程度，如专业管理类岗位，综合管理维度需要达到Ⅱ级，业务管理维度需要达到Ⅲ级；而决策管理类岗位，综合管理维度需要达到Ⅲ级，业务管理维度需要达到Ⅱ级。根据专家判断的结果，对能力要素进行优化组合，形成各个岗位的胜任力模型。

第五章　场景化学习概述

第一节　场景化学习的定义

随着培训工作者观念的转变,业界诞生了许多新的培训方式的概念,其中"场景化学习"非常突出。有研究人员指出,在未来几年,场景化学习将成为一种不可逆转的学习趋势。当下,尽管场景化学习对于许多企业和培训师来说都还是一个崭新的事物,但它作为一种全新的教学模式,其接受程度远远超过了一般人的认知。因此,无论是企业也好,培训师也好,还是接受培训的学员也好,都必须适应这种趋势,从观念到心态、从形式到内容加速向场景化学习迁移。

一、带入情境,让学员参与其中

场景原本是电影术语,指电影、戏剧中的场面。今天,场景的概念和内涵正在不断地延伸,包括商业、教育等领域都引入了场景的概念。商业和教育领域的场景并非一个纯粹的空间概念,而是一个复合的概念。在商业领域,一定的空间内,厂商推出的某项产品能够全方位满足用户的需求,这就是商业的场景。而在教育领域,所谓场景,实际上是指通过恰当的方式,在教学方式上尽量地去还原企业的日常经营活动,这也是为了能够全面满足学员或者用户的需求。

无论是在商业领域,还是在教育领域,场景最重要的特点就是能够将用户带入某个指定的情境,从视觉、听觉、嗅觉、触觉等多个角度尽可能调动用户的注意力,以全面触动用户在情感、体验、认知等方面的感知。

举例来说，作为不同类型的表现形式，小说、电影和电子游戏在调动体验感的程度上有着极大的区别。小说以文字的方式呈现给读者，要求读者借助视觉将抽象化的故事文本具象化，然后进行感知和理解。电影则是视听的艺术，主要调动观众的视觉和听觉，当然现在有了"4D影院"，还能够调动触觉。电子游戏与电影类似，调动的是观众的视觉和听觉，但不同之处在于，电影的体验是预设的，观众无法影响电影情节演进的进程和情节发展的方向，无法主动做出抉择。而电子游戏的体验具有一定的自由度，情节发展的轨迹是非预定的、随机性的，结果是多重的，玩游戏的人可以在关键点主动做出各种抉择。因此，小说对人的理解力要求最高，体验感最弱；电影对人的理解力要求没那么高，也有比较强的体验感；电子游戏对人的理解力要求很低，但体验感极强，几乎人人都能很快地上手，并且沉浸其中。

场景化学习实际上也是如此，借助多样化的方式、工具来激发学员各种知觉的注意力。场景化学习通过精心设计的场景，充分调动学员的所有感官，使其实现从外部信息获取到内部思想形成的转化，从而大大提高教学的效率。

学习活动必须承接企业文化建设，将企业文化植入每一位员工的心中。以此形成统一的、被认可的价值观，用以指导职业行为。场景时代下的案例教学就能发挥这个作用。

例如某金融平台就做过类似的项目。金融行业的企业普遍的特点是：年轻人特别多，员工流失率特别高，人员变动很大。而且在这个行业，诚信又很重要。因此，平台非常重视企业价值观的宣导。用我们常规的思路去宣传价值观，就是要求大家去背、去记公司的价值观是什么、愿景是什么。但是，对于年轻人而言，越采取这种强制性的灌输方式，其反抗性越强。为此，该平台的案例委员会做了一本案例集，其集中呈现的其实就是发生在该平台员工身上的一系列真实故事，这些故事契合公司的核心价值观，比如诚信、专业等。通过这种场景化案例的学习，更多人能感同身受，从而认可企业文化和价值观，主动去践行和传承企业文化和价值观。

因此，场景化学习主要围绕着实际工作场景来开发和设计课程内容，目的是让学员参与到其中，找到那些能解决问题的方法和工具。由于采用的是真实的信息和真实的组织结构，所以这样的培训对学员来说会更加有效。

二、重构内容与学员的连接

在传统的培训中，培训内容与学员之间是间接的关系，这中间存在天然的隔阂，需要讲师这样的中间角色作为连接两端的桥梁，培训内容和学员之间的关系才能顺利打通。而场景化学习构建的是培训内容与学员之间更为直接的强关系。尽管在场景化学习中，讲师的角色仍然极其重要，但讲师不再是一个培训内容和学员之间的中间人，而是与场景融合在一起，成为场景的一部分了。这样一来，学员接触到的是场景，也就是培训内容。

对场景的应用，商业领域更为成熟和广泛。星巴克的"第三空间"便是利用场景打造企业品牌形象极好的案例。星巴克自成立起，就不仅仅将自己定位为售卖咖啡的企业，而是一直强调星巴克"第三空间"的概念。围绕着这个概念，星巴克着重从产品、服务、空间三个方面改善和优化。

首先，在产品上，星巴克制订了一整套咖啡采购指导原则。咖啡从种植到成品都严格符合星巴克制订的标准，顾客在任何一家星巴克买到的咖啡在口味上都是高度一致的。

其次，在服务上，星巴克给顾客营造了一种亲切的感觉，让顾客认识到，在星巴克，他们不仅仅是顾客，也是朋友。星巴克也积极鼓励员工和顾客进行交流，比如给顾客介绍咖啡、谈论咖啡知识等等。

最后，在空间上，星巴克也尤其注意拉近与顾客的距离，从店铺外立面设计到店面内部摆设等，都由专门的设计师负责设计。

于是，星巴克成功营造了这样一种理念：去星巴克，不仅仅是简单地喝咖啡，而是一种综合性的体验活动。借助这一理念，星巴克成功地将自己的品牌和理念，与用户连接起来。这就是所谓的场景营销。

星巴克的案例也给场景化学习提供了极好的参考样板。场景化学习同样不是一个简单的学习或者培训活动，而是一个极具代入感的体验活动。通过还原和重构业务场景，学员在场景化学习中不知不觉吸收理解了培训的内容。也就是说，场景即是培训内容。

场景化学习把真实的业务场景，搬到课堂上来，把原有的那些知识打散，再重新组合在一起，去解决一些实际工作场景中的问题。这些业务场景不是来自外部这些专业的老师或者专家，而是来自员工本人，来自距离客户、业务最近的那些人。这种落实到具体的业务场景上的教学方式，有效保障了学习活动的成果输出。

三、场景化学习将成为主流学习趋势

为了构建学习型组织，企业对于培训的认识也在不断加深，越来越多的企业都选择把场景化学习作为主要的培训方式，希望通过场景化学习提升工作业绩。

当今社会学习技术发展得越来越快，其中有一个数据可以了解一下。这是《2015年度企业大学白皮书》里面的一个调研结果，该调研主要是调查大家认为未来用得更多的企业培训方式是哪种,结果显示只有不到三分之一的人选择标准面授,这是最传统的培训方式,却占据了目前培训工作最主要的市场。在这个调研中大家选择最多的是什么呢? 移动学习、行动学习、场景化学习这三个学习方式,是多数人的选择,也就是说,超过三分之二的人认为未来这三种学习方式会占据更大的学习市场。其中,场景化学习成为首要选择,并且选择场景化学习的人数还在持续增长,比重也在持续增加。

以阿里云大学为例。截至 2017 年年底,阿里云大学已经推出了 50 多个 Clouder 认证课程,涵盖云计算、大数据分析、大数据开发、云安全四大领域。

阿里云结合用户实际场景需求,推出了互联网化、轻量级的场景化认证课程 Apsara Clouder,用户可以在线上进行课程学习、实验和考试。不同地区的用户能够很好地利用自己的碎片时间进行学习,掌握云计算、大数据或云安全等相关方面的技能,并拿到技能证书。相对于传统的培训课程,阿里云这种轻量级的技能教学模式更能激发用户的学习兴趣,实验模块和考试模块也极大地方便了学习者检验自己的技能掌握情况。

与此同时,随着培训技术的发展,场景化学习也在不断进化,从课程设计、教学方式,到学习途径、资源构建都在积极适应时代的变化。

其中最大的变化是线上与线下学习的紧密结合。在过去的培训理念中,线上学习和线下学习是相互替代的关系,但场景化学习却打破了这种藩篱,使线上和线下融合起来。因此,如今许多企业都已经建设了自己的云学习平台,学员可以利用空余时间自己在云学习平台学习相关知识。例如,华为将云学习平台称为"三朵云":第一朵云是知识云,里面包含大量的标准化知识内容;第二朵云是方案云,包含各场景下的解决方案;第三朵云是体验云,集中体验最新的产品。

因此,场景化学习是非常适应这个时代的一种学习方式——通过一套场景化学习和体验的教学设计,学员能够发现问题,并创造出解决方案,从而提升成就感。未来,场景化学习会更加普及。

第二节　场景化学习的价值

场景化学习之所以受到广大企业的青睐与认可,成为企业培训的主流方式,是因为其强烈的代入感和灵活的教学方式不仅能够萃取组织经验,对接日常业务场景中的痛点,而且能够让学员将学习的内容迅速落地转化为工作中的实际业绩。

一、萃取经验，有效管理知识

华为公司总裁任正非曾指出，华为走过的道路是曲折崎岖的，这中间既有经验也有教训，这些经验和教训是华为宝贵的财富。面对国际化大企业强有力的竞争，华为要走向规模化经营，就必须将这些宝贵的积累与探索，与先进的管理思想和方法结合起来，并将其升华，使其成为指导华为前进的理论，还要在实践中不断地优化，从而引导华为正确地发展。

华为内部刊物《华为人》上曾刊载过这样一个故事：日本一家汽车企业的QCC（品管圈）主管发现部分零件上有毛刺，就自己买一把锉刀，把问题零件上的毛刺锉掉，零件就验收合格了。但他并没有把自己的经验告诉别人，于是在他退休以后，零件出现大批量的不合格。

由此可见，在一个企业中，组织的经验传承是非常重要的。尤其在一些无法流程化、需要具体问题具体分析的岗位上，更需要个人的经验和过往数据的辅助。一个人在工作中累积的经验，也是企业重要的财富，只有让这些经验继续传承下去，才不至于因为一个人的离去而导致一系列问题的出现。

普华永道作为全球第二大专业服务企业，具有非常成熟的知识管理体系。知识管理对于普华永道公司来说非常重要，其公司员工的大部分时间都在创造和分享知识，一方面知识分享可以让即时变化的信息在全公司范围内流动，保证大家及时了解到各种政策、制度的变化；另一方面由于公司的员工流失率较高，知识分享可以帮助企业及时储存知识。为此，普华永道建立了最佳实践信息库——Knowledge View，其中包含企业内外部的最佳实践案例、标杆研究、专家观点、行业发展趋势等。

但随着时代的发展，包括华为在内的许多企业都认识到，单凭案例库还远远无法将组织经验传承下去。因为案例库只是将相关案例提取出来，没有经过系统化的整合与提炼，虽然能在一定程度上满足企业和员工的需要，但无法进一步适应时代和业务的发展。

这就需要企业借助场景化学习的方法和工具，对组织经验进行萃取，提炼出相对通用的理论、方法论。与案例库相比，组织经验萃取最大的改进在于可以复制流程、步骤、方法、工具、模板、口诀。也就是说，即便是没有任何经验的员工，在学习和理解相关操作之后，也能够按照具体操作的流程开展工作。

二、对接业务痛点，解决实际问题

过去培训时，学员往往都感觉很好，认为自己学到了东西，企业也很满意。但培训结束之后，学员却无法将培训所学的内容应用到业务场景中去。因为许多传统的培训课程在设计上就没有考虑到对接业务痛点的问题,培训与业务是割裂开来的,没有形成最直接的连接关系。这是许多企业都存在的问题,培训了一次又一次,却看不到效果。

场景化学习最大的特点在于,培训内容来自实际的业务场景,会专门针对企业在实际业务场景中所遇到的问题、困难和挑战,提出系统性的、可复制的、可执行的方案。

德勤公司是全球最大的专业服务企业,"坚持员工终身学习"是德勤公司构建人力资源战略的基础。

德勤公司为每个员工都制订了学习计划,它的"雄冠全球"模型清晰地显示了组织绩效期望与员工个人专业发展路径之间的关系,并以此为基础,推演出了员工的行为测量指标。德勤公司电子化学习总监凯瑟琳·哈伦斯坦指出,"现在我们员工的学习更加契合业务目标,与业务密不可分,我们聚焦于有用的培训。"

在为员工制订学习计划时,德勤公司会首先咨询业务部门的意见,以支持完成公司业务目标为原则,与业务部门共同为员工设定学习方向,制订学习课程。这样一来,学习与实践就紧密地联系在一起了。

一旦学习活动与企业业务实践结合起来,学习带来的变化将显而易见。场景化学习将实际工作场景,特别是挑战性场景和痛点场景,与学习过程融为一体,通过对接场景和学习活动,既能够快速改善业务痛点、解决实际问题,也符合学员改善工作方法和提升绩效的需要。

三、知识迁移,学习内容高效落地

根据美国学者玛丽·布罗德(Mary Broad)的研究,企业员工接受培训学习之后,只有不足10%的知识能迁移到实际工作中。显然,如此低下的知识迁移效率极大地限制了培训对于企业业务发展的支撑作用。

美国著名培训师迈克尔J.马奎特在其著作《学习型组织的顶层设计》中指出,阻碍企业员工将技能迁移到实际工作中的原因较为复杂,最重要的原因在于知识管理是一个循环的系统。

也就是说,从知识的获取,到创造、储存、分析和数据挖掘,再到转移和传播、应用和验证,是一个循环流动的过程。只有让知识管理的系统顺利地循环运转起来,培训的知识内容才能够发挥应有的效果,才能顺利地将学习内容应用到工作中去。

为了让即将退休的元老级人物的丰富经验和宝贵的知识流传下来,美国宇航局启动了一项知识迁移计划。在这个计划中,一些团队采取了"午餐会议"的形式,讨论大家碰到的技术难题。在这种讨论中,信息得到了充分的交流,年轻员工接触到了特定的专业知识。这样,既能够让专业的技术知识得到沉淀并传承下去,也使年轻员工学会了更多解决实际问题的方法。

场景化学习中的场景都来自企业实际的工作典型情境,与学习者遇到的问题和挑战非常一致。企业员工在训练中遇到的场景,也是工作中将要面临的场景,而场景化学习就是要训练学员熟练应对这些场景的能力,使他们能够很快地将学习内容应用到实际工作中。

第三节　价值地图的构建

对于企业出资的学习项目来说,排在第一位的永远是业务目标。因此,想要企业获得更多的收益,我们应以真实还原的场景为基础,以业务需求为出发点,预期结果必须先于学习目标的制订,明确预期结果课程的价值,预先规划价值点布局,绘制价值地图,实现业务结果。

一、以终为始,明确预期课程价值

创造价值的第一步及最关键的一步,就是明确价值的定义,用《高效能人士的七个习惯》作者史蒂芬·柯维的一句名言来说,就是"以终为始"。然而,如何定义价值?对于企业学习来说,价值来源于企业的关键性场景,价值存在于企业愿景和使命中。如果学习可以帮助企业实现目标,它就具有了价值。

因此,想要企业获得更多的收益,我们应以业务需求为出发点,明确预期培训课程的价值,从而实现业务结果。界定培训项目的业务结果,一般有四个步骤。

(1)明确企业希望通过学习获得的价值,有助于设计出更有效的干预手段。确定企业对学员今后工作的预期要求,有助于确定学习方法、媒介、时间安排、顺序及相关支持。

(2)培训和组织使命之间应保持明确的紧密的联系,这样可以确保培训者提供更多支持和参与。

(3)预期结果为学习项目的优先性提供了扎实的依据。决定优先顺序的时候,可以以结果的重要性和战略意义为基础,不能只看项目的热门程度或学习部门对某种特定方式的偏好。

(4)管理层预期的培训结果是评估培训成功的标准。

经过上述步骤,我们明确知道以预期培训课程的价值和结果为基础,以终为始的方法能有效促进培训结果向更好的方向发展。因此,不少企业在开展培训项目之前都采取了此类方法。

二、根据业务目标绘制价值地图

培训需要时间和金钱的投入,为了确保企业的投资得到回报,需要对学员的业绩和业务预期目标了解更多,只有了解得越多,才能设计出更有效的培训项目。

在企业培训的过程中,企业管理者或培训者要将业务目标传达给学员,只有学员充分了解其应该完成的工作任务,才能逐步实现企业的战略目标。因此,学员从内心深处了解并接受企业业务目标,对一个企业来说是极其重要的。

管理者可以从不同方面明确业务结果,了解最终目标,进而根据业务目标明确价值点。在某公司的营销人员培训模板中,针对销售技巧、项目管理、市场拓展、产品及服务等业务开展了相关培训课程,在培训过程中,学员可以从不同的业务课程里获得不同的技能价值点。基于此绘制了价值地图。

销售技巧课程包括了销售与融资、专业推广技巧、专业销售技巧、大客户销售、销售谈判技巧、卓越销售精英训练等模板。通过不同阶段不同课程的针对性培训,学员掌握并熟悉了销售的基本知识与技能,了解了销售与融资的关系,以及融资的相关知识。在掌握基础销售的前提下,学会如何正确应对客户的拒绝、反对以及与客户达成协议的技巧。学会在销售时注意与客户谈判的流程、节奏和谈判策略等。这些都是根据业务目标设置课程并获得的价值点。

第四节　场景化学习与员工能力提升

场景化学习是未来学习的主流趋势已经成为大多数企业和培训界的共识,基于这一共识,无论是企业还是培训界人士,都在积极探讨未来场景化学习的应用方向,以及如何使场景化学习能够更好地服务学员,同时也有力地支撑企业的战略和业务发展。

一、改善业务痛点,提升组织效能

并非所有的工作场景都同等重要,不同的场景对业务的影响程度显然是不一样的。业务痛点是绝大多数企业最常见的、令管理者头痛的问题,所有的企业都希望能够行之有效地解决业务痛点。

宜家是一家源自瑞典的家具家装公司,如今已成长为世界上最大的家具家装公司,在全球 29 个国家和地区拥有超过 300 家商场。为什么宜家在世界范围内广受人们的欢迎?

宜家几乎所有的家具都是组装式,所以不会占据太多的空间,便于消费者将家具运回家。但组装式家具最大的问题在于,对于那些缺乏经验的消费者来说,组装起来非常麻烦,并且非常有可能会装错。

因此,宜家给消费者准备了细致详尽的安装说明书,让所有没有组装家具经验的消费者都能够根据安装说明书的指示,将家具顺利组合起来。

宜家的安装说明书没有文字,完全以图片的方式呈现内容,这就保证了任何一个国家或地区的消费者都能够看懂说明书。在说明书里面,宜家会首先将所有的部件一一展示并分类,对于那些小的螺丝,宜家还完全遵照一比一的比例展示,确保消费者能够将螺丝正确区分开来。此外,宜家的安装说明书完全按照安装步骤指示和说明,对于大的物件,还分成不同安装的阶段。

宜家正是通过这些细致入微的细节,改善业务痛点,才让消费者接受了他们的组装式家具,因而成为一家全球化的公司。企业组织培训活动也是如此,只有当学习能为组织绩效做出更多贡献时,企业领导者才会认为它是必不可少的。组织里的业绩和生存才是第一要务,因此不能为了学习而学习,学习只有与组织业务相联系,才有助于企业在市场竞争中获胜。

摩托罗拉大学在创办之初,就将改善业务痛点定为办学方向。为了使培训更切合实际,摩托罗拉推出了大量的在岗学徒项目。华盛顿前劳动经济学家安东尼·卡利威尔表示:"摩托罗拉的培训项目与公司战略高度契合,它的培训项目是为了解决绩效难题,而不仅仅是建一所学校。"

美国西北大学学习科学研究所主任罗杰·思坎克为埃森哲公司推出了以目标为导向的情景式学习项目,该项目通过模拟业务场景,帮助员工找到他们在工作中所需要的知识和技能,通过个人的技能提升和知识获取,达到改善业务痛点的目标。

对于场景化学习来说,未来也应该从课程设计、教学方式、教学引导等方面去改善培训,切实地解决企业的业务痛点,提升组织的效能。

二、专注人才培养,强化个人实战能力

组织培训经常会面临这样一些情况:培训按部就班地开展,但一番折腾后,什么都没有留下,一年下来又清零。学习与应用脱节,应知应会可以秒懂,但一到具体业务中就手

足无措……这些情况都说明了员工的学习成果在实际转化中出了问题,无法将知识转化成工作业绩。

在传统的培训方式下,企业培训管理工作者经常会为了培训效果的转化而头痛:明明投入了大量的资源组织员工开展各类学习活动,最终他们的工作业绩却依旧无法得到提升。为了解决这个问题,我们提倡应用场景化教学方式,让员工在实际工作场景中理解知识,进而将学习成果转化为实际业绩。

M公司是一个生产冷藏车的专业工厂,现有职工3 100人,其中第一线生产人员1 100人,年产冷藏车1 000辆,远销罗马尼亚、保加利亚、中国等十几个国家。

该公司非常重视员工培训工作,培训内容包括基础理论学习和实际操作练习,由既有理论知识又有实践经验的工程师来担任理论部分的教学工作。课程结束后,员工需参加理论考试,考试合格者方可上岗;不合格者可进行一次补考,若补考不合格,则安排在3个月后再次参加培训。

该公司设有专门培训基地,有各种培训用的设备和仪器,并聘请有实践经验的工人进行辅导。实际操作练习后也要参加考试,如焊钳工和二氧化碳焊工都要经过16个不同试件的焊接练习,每焊一个试件,要在练习一个阶段后,进行这个试件的考试,如考试不及格,再给予一次补考机会;若连续不及格,则取消培训资格。

这种培训方法的选用,使学员能对所学内容学以致用,将学习内容由理论认识延伸到工作实践,从而极大地提高了员工的工作水平。

作为通信领域的领导者和国内的培训标杆企业,华为很早就开始尝试利用新的培训方式和理念来培训员工,做到训战结合。

张泽波是华为GTS(全球技术服务部)员工培训平台部硬装工程营培训老师,每当面对新面孔时,张泽波都会以同样的开场白迎接他们:"大家好,欢迎来到广东东莞基地,我是基地的培训老师。只有上过战场,打过枪,才能当将军。你们要珍惜公司提供的到一线实践的培训机会,只有真正动手干过,才能更好地了解公司产品及一线交付流程。"

为了让广大华为员工发扬艰苦奋斗精神,深入一线了解站点交付流程,华为建立了训战结合的培训平台。张泽波所在的培训部在各个区域搭建硬装培训基地,张泽波带领学员到站点进行华为设备安装及理论传授,跟合作方的施工队长差不多。

培训部的站点选址可谓"上天入地",张泽波带领学员们奔跑在连绵起伏的高山上,穿梭在万木争荣的森林里,出入高耸入云的高楼,也钻进阴暗潮湿的地下室。甚至有学员凌晨发微信给他,请他帮忙检查端子质量,因为第二天要进行出营考核。经过培训和重新赋能,有的学员回到了原来的岗位,也有的学员去了新的岗位,但他们都收获了崭新的知识,在舞台上发光发亮。

事实上,训战结合也是场景化学习的一种形式,它更加强调员工个人的实践能力,注重在实战中教会员工所需的知识和技能,并帮助他们将这些知识和技能成功运用到工作中去,弥补了传统培训方式的缺陷。

总的来说,场景化学习在提升人才能力方面效果显著,因为场景化学习相当重视培训结束之后的跟踪环节,对于学员的认知、行为以及绩效方面都有追踪和评估,确保培训对学员能力的提升作用。

三、应用实际场景,提升组织管理水平

一般来说,企业的实际工作流程往往比较固定,其中涉及相当多的工作节点,节点之下可细分为许多业务场景。这些固定的流程往往并非最优的,也并非效率最高的。但在日常运营中,这些并非最优的业务流程或者节点是不太容易被察觉的,因为当员工习惯了这样的流程之后,便下意识地认为当前的情况是最优的,只有当问题越来越突出时,人们才会考虑去改变。

场景化学习中的场景都来自实际的业务场景,所以对于业务流程或节点有着很高的还原度。在培训的过程中,培训师和学员会不断地对业务场景进行探讨,研究改进方向,这样业务流程就得到了改善的机会,再经过实际推行,企业的管理也就得到了优化。

华为的项目管理培训充分利用了场景化学习的方式。华为项目管理培训的第一步就是学员通过慕课精品课程在线学习平台自学项目管理的基本知识,时间和地点由员工自由掌握,从而合理分配工作的时间和培训的时间。

在慕课完成自学后,学员来到华为大学的课堂学习,这是第二步。课堂会把学员分成不同的小组,每个小组都将拿到大量真实的项目案例资料,学员会根据前期学习的项目管理知识,对案例进行识别和分析。

第三步则是学员依据前期所学到的理论知识和在课堂上已经了解的项目案例,制作一份项目实施计划和实施方案。这需要小组内所有学员的配合。同时,华为也会邀请项目管理的资深专家,评估学员的计划实施方案,引导他们发现实施方案的优劣势。

那些比较成熟的计划实施方案会由专家帮助学员进行修改,并真正开始执行。项目结束后,学员还会对项目进行复盘,从而发现问题并找到原因,最终将自身的经验和所学知识融合在一起。

随着市场竞争的日益激烈,企业要想在激烈的市场竞争中立于不败之地,必须不断地提高管理水平,因为企业管理水平的高低决定着企业发展的方向与持续经营的时间。因此,企业在组织培训时,可以采用场景化学习的方式,通过应用实际场景,改善组织业务流程,不断地提升组织管理水平。

第六章 场景化学习的流程

第一节 还原工作流程

面对工作流程的还原,要以事件为中心,以岗位角色为抓手收集场景资源,然后将整个事件有效还原,通过获取真实有效的素材,帮助我们进行场景化重构。案例教学中的素材收集是一个关键步骤,从哪里收集素材、如何收集素材是本节主要阐述的内容。

一、明确素材来源

素材获取是输出案例、进行场景化学习的前提,一般可以通过文件资料、网站、员工访谈等多种渠道收集素材,但不管从哪个渠道获取到的素材,我们都要进行素材分析,判断素材的典型性。

素材的来源一般可分为两类,一是已有的素材,可以通过书籍、网络和原有文件获得;二是需要到企业实地访谈、采编,通过搜集、整理、提炼加工获取的真实素材。

要将企业真实的典型事件开发为教学案例,我们只能在企业内部寻找,通过访问员工、自己长期积累等方式来获取。

标杆人物是企业工作能力突出、优秀的员工代表,是他人学习的榜样,在处理工作中的典型问题时一般有其独到之处。所以,通过对标杆人物进行访谈,可以收集到很多典型的案例和事件,并将其开发为典型的教学案例。业务或管理的痛点、难点、挑战是典型案例的素材主要来源,其用于场景化教学的效果肯定是比其他案例教学效果更突出的。

企业或部门大事记。由于不是所有的大事记和奋斗历程都可以用于场景化学习中，有的只是事例并不能作为案例，所以要有选择性地挑选以事件为中心的大事记作为企业真实素材的来源。

挑选工作中员工印象深刻的事情，如一些成绩、经验、教训等。这需要我们养成一个长期积累的好习惯，然后进行日常记录，使其成为案例教学素材的来源。明确素材来源后，要判断素材的典型性。

一般来说，典型案例应具备五方面的要素，即明确的教学目标，典型、普适的业务难题，难以抉择的冲突场景，以学员为中心的强制决策和简洁必要的背景信息。

基于业务场景的素材收集对场景化学习来说是至关重要的，这要求企业培训者在收集素材过程中多学习、多坚持，而不是随意引用书籍上、网络上的内容。

以岗位角色为抓手收集的素材，一部分可以作为场景资源，用于场景化学习；另一部分非场景资源，比如红线底线、注意事项等素材可作为案例教学的辅助资料，直接用于员工的阅读和学习。

素材的收集，除了上文提到的以岗位角色的责任、任务、关键动作等为抓手外，岗位角色的访谈还应有一个简单、易于操作的方法。要明确的是，为保证对案例内容的客观描述，该环节应始终遵循"全面性""真实性"原则，不能添枝加叶，不能随意删减，更不能"曲意逢迎"——让事实去迎合预先设定的结论。

深入企业开展访谈调研是实现案例信息收集、获取真实管理情境最直接有效的方式，收集企业文件资料、搜索相关新闻报道也是获取客观信息的重要手段，但单凭文字材料添加主观臆想来"编造案例"的做法是不可取的。资料收集不是一个一蹴而就的过程，随着案例框架内容的具体化，案例资料还需要经历一个不断补充完善的过程。

二、调研访谈关键岗位人员

访谈是讲究技巧的，访谈过程的好坏直接影响到能否有效地收集资料。因此，在访谈过程中应注意六类引导性问题。

1. 事实问题

通常以"谁""什么""何时""何地"等提问开头，引出客观性回答，来收集有关案例事件的相关数据、信息等。

2. 感受问题

例如"你认为……"等引出主观感受性的回答，帮助访谈者深入了解案例当事人的想法、情感、价值观等。

3. 细节问题

针对案例当事人对事实、感受问题的回答，根据需要追问，帮助访谈者更深入地了解案例事件，以及案例当事人在事件中的角色。

4. "两极"问题

例如"最多……""最少……"等，帮助访谈者了解案例事件中的潜在机会，探寻案例当事人的需求边界。

5. 换位问题

如"据××报道……，你怎么看"等第三方视角问题，帮助访谈者以间接的方式挖掘案例事件，并借助这类问题表达敏感信息。

6. 假设问题

例如"如果……，你会……"等，帮助案例当事人消除主观或客观的障碍、限制，以便访谈者探究、分析当事人的真正意图。

除此之外，在访谈中，我们还需注意与访谈对象的沟通顺畅度问题，要注意提问、尊重被访谈者、不轻易打断对方话题、访谈者言行有度、完整把握对方原意、不轻易发表自己观点、把控访谈时间七大事项。

在了解访谈过程中的六类引导性问题和七大注意事项具体内容后，在实际访谈中，要有效地进行运用，以达到最佳访谈效果。

第二节 工作节点的界定

在企业学习建设过程中，必须嵌入业务场景，通过典型业务场景设计赋能动作。在还原业务场景的过程中，首先要梳理业务流程，通过拆解业务流程，聚焦关键工作节点。

一、以业务为导向梳理流程

企业不同，它的输入和输出以及产品的生产环境都相差较大，好的学习管理者，必须重视有针对性的课程开发和赋能培训。

企业的价值创造是通过一系列生产经营活动来完成的，这些活动可分为基本活动（包括生产作业、市场和销售、后勤服务等）和辅助活动（包括物料采购、技术开发、人力资源管理和企业基础设施建设等）两类。这两类内容不同但相互关联的活动，构成了一个创造价值的动态过程,即价值链。价值链通过价值梳理,获得流程的期望结果。

对于价值链,首先需要仔细梳理公司流程中的关键活动,其次将这些信息加以整理,从而形成有次序、逻辑密切的价值链。

对价值链进行梳理具有以下作用:

(1)帮助企业在战略层次上对各项业务活动展开全局范围内的考察。

(2)使企业明确所设计流程要达到的目的。

(3)以价值导向为基础来设计流程的期望结果。

在华为,以业务为导向设计和规划的流程其实质是跨越了多个职能部门的一组为客户创造价值的相互关联的活动进程。在业务的作业范围中需要明确每个层级流程上的活动任务,确保每项活动在科学的流程轨道上规范运行。

那么,在华为内部整个业务流程里面,他们是如何去复制经验的呢?华为首先把业务流程进行拆解,然后在每个业务流程的场景下面,主管领导会让员工输出大量的案例。也就是说,在整个的业务流程当中,每一个环节都有大量内部的案例输出。

业务流程的梳理是我们场景化学习的第一步,通过对业务活动中各个动作进行细致、严谨、有序地推演,以及对形成此项结果的原因进行分析,我们可以找到差异和不足,并提出改进方案,由此形成可推广的知识和方法。

将个体经验萃取出来,形成覆盖各个业务痛点的学习地图,然后将这些经验案例化、课程化,让真实的业务场景经验能够用于内部的学习提升,将起到事半功倍的作用。

二、找到赋能关键点

我们在设计场景化训练项目时,要聚焦业务活动的产出成果,从这个结果要求往回倒推,做到"以终为始"进行设计。基于此,首先需要找到其中影响业绩达成的关键成功因素(Key Success Factors,KSF),分析与这些关键因素相关的人群,并确认哪些行为会对业绩产生影响,以及这些行为需要哪些能力支撑。这时,一个个能力点便被圈出,接下来要做的就是搭建一个模拟出的真实工作场景,着重训练学员的这些能力点。

在华为帮助客户开展项目管理类场景化培训时,华为会首先列出项目管理的全部步骤,分析其中的关键成功因素。

就项目分析和规划阶段而言,作为一名项目经理,最需要把握的是合同的范围、验收标准、概算和风险管理,否则就无法在交付的过程中应对客户的超范围要求。因此,这便被视为此阶段最重要的影响因素。同样,作为一名项目管理人员,要知道怎样去制订交付策略、进行风险识别和概算,这就是一个赋能关键点。

因此,在培训开展前期,首要的任务是拆解业务流程,分析和找到其中的关键成功因素。

我们一般通过确定关键流程找到赋能关键点。对于关键流程的识别，没有固定的数学评估公式，但是存在一些方法，如使用关键成功因素分析矩阵、因果矩阵、流程优先选择矩阵等。

对于关键点的设置，我们应参考企业实际的流程管理状况以及流程图。下面以某地产装饰公司的业务流程（部分）为例，来阐述如何在业务流程中识别关键点。

收集的场景资源并不是全都能用于场景化学习，我们要聚焦关键性场景，选择关键性场景进行讨论，以提高场景化学习效率。

三、界定关键性场景的标准

场景，原指戏剧、电影中的场面。从电影角度讲，正是不同的场景组成了一个完整的故事，不同的场景，意义大不一样。在移动互联网时代，商业高度发展，"场景"不再只是一个简单的名词，它重构人与商业的连接，是企业培训和教学活动的关键。

界定关键性场景的标准：关键性场景一般是指对企业业绩影响大、发生频率高、学习难度大的工作场景。只有选择了关键性场景，课程开发和案例主题才具有针对性，培训工作者才能提炼出有价值的知识或经验，激发学员的学习兴趣。

关键性场景的界定虽然有一定的参考标准，但是不同的人的标准有一定的差异性，因此，我们最后要确定好一套筛选关键性场景的完整流程，让大家按照标准进行筛选，以确定最后的关键性、典型性的场景资源或案例。

四、按照标准筛选关键性场景

面对众多的场景资源素材，我们要筛选出关键性场景，将现实工作场景与案例教学相融合。场景化学习要落实到关键性的业务场景上，即以场景为导向，才能保障学习活动的成果输出，达到举一反三的效果。对此，我们可以来看一个现实案例，通过某金融企业用情景案例教学模式助力领导力培养的一个项目，了解到底如何将现实工作场景与案例教学进行融合。

某金融企业有一个项目叫作领导力助力计划，是帮助一些新任营业厅的管理者培养领导力的项目，包括青年干部的培养等。以往，他们的领导力项目会有几门比较系统的管理课程，学员上完这些课程之后反馈也是非常不错的，大家表示能够学到很多东西。但是上完之后就会面临一个问题——学员很难直接将课堂上学到的管理工具和方法应用到实际工作中。这也是他们面临的一个很大的困扰。

基于这样的困境，该企业就想设计一个基于营业厅主任的业务场景的赋能项目。为此，在顾问导师的建议下，项目负责人对营业厅主任的工作场景、业务场景进行了梳理，找到新任管理者面临最多的几个关键场景。

通过梳理工作场景发现，这些新任管理者在日常工作中，70%的时间都在处理大概5到6个典型工作场景。因此，培训课程的核心变成了围绕这几个关键的场景，找到相应的解决方案和培训工具。

由此可看出，场景化赋能培训不再以先前的知识，比如团队管理、时间管理等为核心了，而是以新任管理者在实际工作中的具体工作场景为核心。场景化学习主要围绕实际工作场景，找到那些能解决问题的方法和培训工具，以此来开发和设计课程内容。

如何确定关键性场景呢？我们以国网高培中心给某县供电企业甄选关键性场景为例，国网高培中心在关键性场景甄选过程中，首创性地提出了"推选审改"四步流程，学员带来的全部场景资源都要经过严格把关，层层遴选。正是流程设计的科学性、创新性，有效地保证了评选过程的公平、入选案例的质量和广大学员的参与。

第一步"推"：每期学员以小组为单位进行案例分享交流，推选优秀案例，注明推荐场景资源的关键点，并安排课题组成员全程参与交流，有效保证了初选案例的质量。

第二步"选"：遴选中，每位老师根据本组的推荐意见逐一介绍，并与同期学员和前期学员的案例进行横向、纵向比较，最终确定本期的关键性场景。

第三步"审"：邀请在校培训的青干班学员、系统内熟悉县供电企业管理工作的专家、案例总部相关专业部门进行评审。专家对每个案例都给予了评审意见，并经过共同推敲比较，给出评审结果。

第四步"改"：除"推"环节外，其他每个步骤结束后，国网高培中心都会把案例修改的意见反馈给每一位入选学员，学员修改通过评审后的案例，才能进入下一阶段的选择。

五、界定关键性场景与组织绩效关系

场景，泛指情景，又不局限于此，还包括了行为、动作等，在一定程度上，关键性场景对组织绩效有着直接的影响。提升组织绩效，重要的是筛选并利用关键性场景创造价值。在完成对关键性场景的界定后，接下来的工作就是对关键性场景进行分析，对此，我们可以通过某地产公司的一个案例来说明关键性场景与组织绩效的关系。

2018年6月8日，××集团人力总监来到长沙，发现集团评价长沙城市公司的绩效不及格，但长沙城市公司品质部门员工绩效在集团项目抽查中获得第一名。人力总监与长沙城市公司品质总监交流绩效情况，品质总监还纳闷，难道因为城市公司整体绩效不好，品质部门员工的绩效评分高一些就不合理吗？

了解长沙城市公司情况后，人力总监召开了一次绩效培训，拿出两张绩效表（个人和公司绩效)开始头脑风暴。研讨中发现,不同于品质部门总监,其他大部分部门主管对于如何填写绩效考核表,如何设定绩效目标,以及如何辅导员工都没有清晰的概念。

参加培训的许主管开始思考作为薪酬绩效主管,自己的核心业务不应该是一些人事基础工作,他开始向人力总监请教薪酬、绩效等更高价值的工作,对此人力总监给出了相关思路。

几天后,许主管向人力总监汇报公司绩效考核方案,人力总监指出,他没有把绩效考核的定性、定量问题界定清楚。

人力行政部召开绩效会议,大家表示绩效的达成需要部门负责人对每个人因材施教,分配任务时关注过程,随时线下指导,通过这次会议大家都感受到了成长。

在人力资源管理中,我们要区分事务性工作和价值创造工作。事务性工作指 5S 管理、订票、发会议通知、考勤管理等,这一类工作是必须要做好的事情,但不是加分项,做得再好也不能提升多少绩效。价值创造工作指激发员工创造力、培训员工技能、攻坚关键任务等,做好这一类工作能最大化地提升组织绩效,我们的赋能动作应该着重考虑这些关键业务场景。

关键业务场景对价值创造有着重要的影响,只有从价值创造的角度对团队和个人的工作表现进行评价,才能让公司全员聚焦于价值创造。有准确量化的参照,能使评价过程清晰高效,同时又能保证评价过程和结果的公正公开,使每个人有动力、有机会去争取更多的价值分配,创造更高的组织绩效。

第三节　课程价值梳理

在课程调研和信息收集过程中,依照不同的场景常常会使用问卷调查法、面谈法、小组讨论法等多种方式,多维度、全方面地获取课程价值。

一、明确调研的对象

明确调研对象是课程中的关键环节。在实际工作中,明确课程价值的过程可以简单地描述成"找谁问关于谁的什么事",这里的"谁",就是需要明确的调研对象。

受限于上级的要求和自身对课程的认识水平,课程专员往往很难完整、准确、合理地描述出所在组织的课程价值,而价值分析的"失之毫厘",会造成课程效果的"差之千里"。因此,课程开发人员要保持"怀疑"的态度,争取与需求企业负责人直接沟通。只有根据关键场景找准了调研对象,才能保证调研的有效性和准确性。

企业课程是企业发展过程中必不可少的一环,而一场有创新性、针对性的课程需要依赖前期的充分准备,确保能通过调研了解课程对象的需要。

根据不同的调研对象,分析他们不同的课程价值,做出有针对性的调研方案,从而设计更好的培训课程来实现结果。因此,我们需要从三个层面着手明确调研对象,即组织层面、任务层面和个人层面。

组织层面的资料收集,能够帮助我们明确课程的业务目标,知道组织对员工的要求,这个目标对课程项目的设计和执行都起着决定性的作用。

任务层面的资料收集是根据工作标准、岗位的能力要求,来判断这个岗位上的人员是否可以胜任这个岗位。如果从公司整体来看,就需要收集哪些岗位对公司业绩影响最大;从部门或个人来看,就要收集对该岗位业绩影响最大的能力要求项是什么,这会是课程价值的一部分。

个人层面就是从课程对象的角度进行课程价值的收集,了解待培训学员的工作现状、状态、学习意愿等,然后通过后续分析确定哪些人需要培训及需要什么形式和内容的课程。

只有从这三个层面都进行了资料收集,才能说我们的资料收集比较全面,调研对象比较精准。

经过从这三个层面与对象进行沟通,我们列出了相关课程必须满足的价值:第一,价值分析必须要完整;第二,我们必须从这三个层面的管理人员和员工那里获得支持和认可,以便执行培训项目。

二、使用多种方式获得价值信息

在调研时,为避免调研的单一性,降低对调研对象的控制,我们应该灵活运用各种方法,使用不重复的手段去获得信息,得出更合理、全面的结论。换句话说,就是我们要使用两种以上的途径来了解培训对象。

如果学员为销售人员,在与他们交流调研时,他们说:"我们的问题主要在于交易的缔结和时间管理。"这些学员的经理也同意:"我们的销售代表在交易的缔结和时间管理上有问题。"这个时候,你可能就停止了调查,做出结论:"我们认为找到了问题所在,因为经理和销售员都认为问题在于交易的缔结和时间管理。"注意,你只使用了一种方式——访谈。如果你又采用另一种方式——观察,那么你可能会有不一样的发现。

你花一天的时间观察了一个绩优的销售和一个绩劣的销售,发现他们在时间管理的方式上并没有差别。他们之间唯一的不同,在于他们缔结交易的技术有差距。

"使用不重复的手段获得信息"在一定程度上可以确保获得准确的信息。就上述例子而言,通过不同手段的调研,最后精准地把培训重点定在"缔结技巧"上,避免了无效的操作。

因此,在获取需求信息的调研中,使用不同的手段、不同的信息收集方式是必要且重要的。常见的信息获取方式包括面谈法、小组研讨、工作任务分析法、观察法和调查问卷法等。

以上五种不同的获取信息方式各有优缺点,在使用时并没有统一的标准和规定,因此,我们应从自身需求出发,在了解不同方式之后选择适合的调研方式,从而获取准确的课程价值信息。

三、课程价值调研的结构与内容

课程价值可以理解为通过课程能够解决的问题,例如大客户销售技能与售后服务技巧可以通过课程传授给每个受训人员。只有适合企业特色且满足受训者特征的定制化的课程才能真正满足企业的需求。

在价值调研上,常用的方法一般是问卷调查法。我们应该站在业务的视角、站在战略的视角、站在经营的视角、站在客户的视角,去深度访谈和调研。在设计问卷和访谈时,一定要让员工清楚自己的职业规划,否则,我们就不能确定员工真正的培训需求。

通过问卷调查表,培训者可以较为全面地了解培训对象的需求,进而设计有针对性的课程方案,因此,问卷调查被各大企业所采用。例如,华为大学的课程开发部门一般通过问卷调查、课程回访等方式向业务部门广泛调研,并获得业务部门详细缜密的反馈,将业务部门反馈的信息进行仔细的分析和研究后再进行课程开发。

李敏是华为的内部课程培训师,2007年通过社招加入华为,她非常在意自己的专业素质,认为凡事都应该按专业情况来。一次,在跟一线客户经理的电话会议中,主管领导对她说:"客户界面的需求,我们平台理应支持,高层级课程向低层级客户学员覆盖,可能与你的设计理念不同,但是市场有需求那就是合理的。"

李敏不同意,领导告诉她:"我们需要有不同的声音来碰撞,但是你得用实际行动说服我。"李敏没有急于反驳,而是摆出数据和事实,详细对比两种需求的优劣,终于说服了领导,最后课程按照她的设计方案来做。后来,她的设计方案获得好评,她也因此得到了领导的认可。

一般来说,华为的课程价值调研分析主要来自以下几个方面。

第一,公司战略。华为是业务战略驱动培训,培训需要围绕着公司的管理变革、战略调整等大方向进行。比如说当公司的主要战略方向发生变化时,自然也需要对应的人才和能力。

第二,业务需求。这通常是业务部门具体的需要。当业务部门当前的能力无法切实解决遇到的困难和问题,或解决问题遇到瓶颈时,就需要在可预见的时间内进行培训。比如说新产品上市之后,营销人员还未掌握相应的产品知识的时候。

第三,个人能力。员工个人的能力与素质需要与公司的要求相匹配,当无法匹配时,自然产生了培训的需求,最典型的就是新员工培训。

四、需求数据的梳理和分析

收集数据之后,要通过归纳统计学、比较分析法等数据筛选和分析方法对数据进行详细的研究和分析,从中明确企业课程需求和价值点,然后根据总结出的内容寻找和开发合适的课程。

(一)分析数据的多种方法

数据分析是指用适当的统计分析方法对收集来的大量数据进行分析,是为了提取有用信息和形成结论而对数据加以详细研究和概括总结的过程。

对于培训和发展从业者来说,在数据筛选和分析过程的早期阶段就发现异常数据是一项关键能力,常用的数据分析方法有归纳统计学、描述性统计学、分组分析法、回归分析法等。

除了各种分析方法外,还会用到各种数据分析工具,如大部分数据分析都可以用Excel,或者使用 SPSS、SAS 等软件解决。在整个分析数据过程的早期,数据看起来是杂乱无章的,因此我们在处理分析数据的时候要遵循一定的步骤。

第一步是熟悉数据。查看数据是否具有初期表面效度。

第二步是从这些数据信息中挖掘意义。重温研究问题,使用数据分析工具对数据进行处理,查看这些数据提供了哪些关键性的答案。所有数据分析的目标都是给客户和利益相关者提供正确的信息,从而做出正确的决策。

第三步是呈现数据。呈现数据是处理分析数据必不可少的步骤,目的是从大量的数据以及没有规律的数据中提出有价值的数据。可视化图形或者报表形式的展示可以增强对分析结果的理解。

通过以上不同的数据分析方法以及处理分析数据时遵循的三个步骤,我们可以对培训需求数据进行全面而细致的分析,为后续培训及价值点的挖掘提供便利。

（二）通过数据分析明确价值点

如今，大数据在各行各业的应用和扩展十分普遍，广义上的大数据指的是所涉及的信息规模巨大，无法通过目前主流软件工具在合理时间内撷取、管理、处理，并分析成能有效支持决策的数据资讯，通常具有 4 个 V 的特征——数据量大（Volume），速度快（Velocity），多样性（Variety），价值高（Value）。

按照上述多种数据分析方法可以从不同维度进行数据分析，培训对象在熟悉了这些数据之后，下一个步骤就是从这些数据信息中挖掘意义，明确其中的价值点。针对课程可以从接受的学习方式、教学方法、效果影响因素、讲师类型和需要改善的地方五个不同维度分析数据。

按照五个不同维度的不同需求选项对培训学员进行问卷调查，并运用统计学等方法进行分析，可更全面地明确学员对课程的需求并抓住其中的价值点，使课程产生质的飞跃，体现课程的真实价值。

（三）确定需求背后的要素

企业的培训成长遵循了从无到有、从有到精、从精到系统的过程，关注点也会发生很大的变化。由于企业关注点的变化，我们可以从业务目标出发，逆向倒推，进而寻找或开发合适的课程。

在确定需求的过程中，组织分析、员工分析和任务分析三个要素是一个有机整体，缺少任何一个要素都不能进行有效的确定。

组织分析主要是确定在整个组织中哪些部门、哪些业务需要实施培训，哪些部门、哪些业务需要加强培训。一般来说，组织分析主要有以下三个步骤：第一步，组织目标分析；第二步，组织资源分析；第三步，组织战略分析。

员工分析主要是通过分析工作人员现有状况与应有状况之间的差距，来确定谁需要和应该接受培训以及培训的内容。员工分析的重点是评价工作人员实际工作绩效以及工作能力。

任务分析是指运用各种方法搜集某些工作的信息，并对某些工作进行详细的描述，明确该工作的核心内容以及需具备的素质能力，从而达到最优的绩效。

通过对组织分析、员工分析和任务分析三个要素不同层面和内容的整理分析，可有效且较为准确地确定企业培训需求，进而开展更有针对性的培训课程。

第四节　工作场景重构

一、围绕学员对象设计教学内容

教学内容是影响培训效果的根本因素,要根据培训目的和培训对象对其进行合理的安排。由于不同层次学员的工作重点、知识水平、学习兴趣点不同,他们所关注的知识点也不同,所以,即使有相同的培训目的,不同层次的培训对象的课程内容也要有所区别,要根据培训对象的不同层次设计不同的课程教学内容。

(一)场景的前提:做好人物设定

做好人物设定,首先要构建人物画像,围绕学员设计内容。针对学员的人物设定,我们一般要考虑三方面的属性:物理属性、工作属性和能力属性。

在了解学员的具体属性后,要进行基于学员对象的人物分析,浓缩学员的特点与需求,根据对学员的分析和了解,提出有针对性的问题,设定符合培训和学员需求的相关场景。不同的培训对象会有不同的人物设定,同时,也会呈现不同的场景设计。

华为人才管理部的卢凤曾分享过自己是如何通过富有针对性的提问,来充分了解相关主管工作中存在的问题,并且帮助他们找到改进问题的方向的。

当主管谈到如何关注下属能力发展和成长时,卢凤问道:"有了解过他们在个人发展方面的想法吗? 您都做了哪些工作来提升下属的能力?"主管回答道:"比较少,我觉得能力实际上是通过好的绩效产出来证明的,能力也是通过一个个阶段性目标的实现提升起来的。"通过这样的回答和一些补充作答,卢凤发现该主管并不知道公司在专业员工的发展方面是提供了相关的机制和平台的。于是她马上提出了专业任职资格这一培训工具,在发现主管有待改进之处的同时,还给他提供了解决思路。

如果卢凤只是一味地进行"什么"式的简单提问,那由于主管只需要回答自己做过的事情,卢凤便很容易忽略掉主管"没做到哪些方面"的可能性。而在上述例子中,卢凤将关注下属能力发展和成长的问题,细化到"员工个人发展方面的想法",以及"主管为了发展下属能力所采取的相关举措"上,这引导了主管在回答问题的过程中,充分地将自己工作中的不足之处暴露了出来。这便是针对性提问的智慧与魔力所在。也正是因为设计以员工或学员为中心的提问,才使得工作场景符合员工成长和发展。

(二)使用 AIDA 模型开发培训内容

AIDA 模型是营销沟通过程的一种,也常常被用于培训教育领域。AIDA 强调从注意力、兴趣、意愿和行动因素入手,帮助培训师在诸多心理及个性因素上思考探索,进而开发对自身及学员发展有益的培训内容。

1. 注意力(Attention)

理查德·维劳指出:"教师要上好课,关键是要抓住学员的注意力。"在课堂教学中运用 AIDA 模型,关键就是引起学员对教学的全方位、多角度注意,其中最常见的手段是问学员一个问题。当你向学员提出一个问题的时候,学员就算正在思考自己的事情也会把注意力转到提问者身上。

提问这一技巧的三个好处:

(1)及时打断了学员的走神,使他们的注意力回到课堂上;

(2)快速地调动学员参与的积极性;

(3)提问会让学员思考为什么要进行这次培训。当学员回答的时候,他们会逐步意识到自己面临的问题。

因此,引导式的提问不仅仅把他们的注意力吸引过来了,还让他们明白了培训的主题及其与自己的相关性。

2. 兴趣(Interest)

兴趣是学员保持持续注意力,并能在后续过程中产生学习欲望的重要保障。当我们收集培训素材、设定培训目标的时候,我们要思考作为个体的每个学员如何从中收益。AIDA 模型所强调的是培训师向学员阐明参加培训会如何促进他们的工作和生活,从而引起他们的兴趣,帮助学员找到自己的"频道"——这个培训对我有什么益处。想要激发学员的学习兴趣,通常有以下三个方法:

(1)授课内容要集中、简洁,便于将知识讲深、讲透,引起学员探索、钻研的兴趣;

(2)要善于挑选生动而有价值的案例,寓趣味性于教学之中,以活跃课堂气氛;

(3)在讲授教材的基础上,增加知识的厚度和力度,以拓宽学员的知识面,激发求知欲。

3. 意愿(Desire)

学员仅仅有兴趣是不够的,因此在激发意愿这个阶段,我们开始分享内容,分享工作方法,帮助学员实现最终的培训目标。让学员知道我如何解决问题,如何缔结一个合同,如何做更有效的决策,如何评估下属的绩效,如何进行更有创意的培训。这些问题都在意愿这个环节解决。

4. 行动(Action)

这是培训的总结阶段,可提问学员"学到了些什么? 培训后将怎样用在工作中?"最理想的状态是,学员反馈说培训能让他们以一种新的、更有效的方式来做事,他们愿意在工作中进行尝试。

二、让场景与教学点相融合

从课程内容组织的层面来讲,我们需要解决一个核心的问题,那就是课堂中的教学内容跟学员的工作究竟有什么直接的关联。培训时,如何将场景和教学点融合是本节着重探讨的问题。

(一)串联事件场景,形成课程体系

课程内容与工作场景结合是情境式课程设计成功的关键。情境教学中的教学场景一般是指知识的某个实际应用场景,而不单单是讲师讲解的这个知识点。教学知识点的内容一般分为知识类、态度类和技能类,将所学内容与学员的生活、工作关联起来并不容易,尤其是知识类的知识点偏理论,与工作的关联难度较大,不像技能类知识有较强的显性关系。

在培训中,围绕工作任务、以工作场景为主的学习方式成为主流,学员在面对工作场景时所遇到的问题需要通过即时学习得到解决,即学即用。那么,什么方法可以让课程开发工作更加高效,课程体系更加完善呢?

SAM 是一种新的课程开发模型,也叫持续接近理论,是 2013 年由迈克尔·艾伦在 ASTD 会议上提出的一种新的课程开发理论。它融合了当代课程设计和开发流程,可以减少教学设计和开发的复杂性,转向侧重更积极和更高效的学习经验。SAM 模型的开发有三个阶段,分别是准备、迭代设计和迭代开发。

由此可见,SAM 理论的核心理念可以概括为两点:

(1)将评估放在了课程实施之前,实现了课程开发的持续改进,从流程上给予了很好的控制。

(2)团队开发,强调发挥团队的优势。SAM 团队由主办方、学员、内容专家、授课老师和项目组五类成员组成,成员之间是高度互补的,尤其引入主办方和学员,充分吸取他们的意见和建议,使得课程能够较好地满足组织、岗位和个人的需求。

这两点为有效解决目前课程存在的"缺乏一个多方参与、能发挥协同优势的团队"以及"流程设计上缺少课程实施前的评估环节"这两个问题提供了借鉴。

下面根据 SAM 模型，以企业总监身份转换为例，通过串联不同的场景，形成课程体系。

总监在企业中的角色转换，涉及了四个场景，将课程内容、教学要点与这些工作场景结合，这是情景式课程设计成功的关键。同时，将这四个场景串联起来，可通过不同场景的不同事件形成一套完整的培训课程体系。

（二）结合场景，输出教学要点

当业务问题能直接找到通用匹配的教学内容时，说明工作场景中暴露的问题具有共性，我们可以借鉴一些"先进的经验"，将其梳理为有规律的"原理性的内容"。我们曾经主导了湖南某地产公司的项目，并根据相关场景输出了相关的教学要点。

湖南某地产公司设计主管负责某项目精装设计管理，在设计图纸的过程中，细心的她发现了一个大问题。依据地方规范要求，该项目土建结构为同层排水设置沉箱做卫生间整体降板，总部精装标准卫生间完成面净高为 2 400 mm，降板与净高 2 400 mm 冲突。

发现这一问题后，设计主管牵头仔细叠图核对项目建筑结构、精装天花、机电点位图纸，对该项目户型卫生间天花灯具及暖风机定位进行修改，将卫生间降板改成局部降板方案，并联合设计部、工程部等部门一起确定卫生间局部降板方案。这一修改不仅满足了地方规范需求，避免了后期施工问题，而且保证了公司精装产品的品质，赢得了市场效益。

此外，在项目产品的售后服务上，曾经有位客户之前因卫生间渗水进行了维修，该地产公司的工作人员维修好以后做了闭水试验。当天，由于客户急于装修，水电要施工，想找工人把卫生间的水清理掉。然而，因为已经下班找不到工人，该客户只好找到了客户关系部维修中心工程师高工，想通过他找两名收费的工人。

高工看到客户非常急，又因为当时工人确实不好找，立刻决定忙完手上事情自己去修。他带上正在参加"优才计划"的轮岗学员蔡泽阳赶到客户家里，帮客户把卫生间的水一桶一桶倒掉，保证了客户的装修进度。

不仅如此，客户关系部总监还要求员工在交房前要主动与客户沟通，要时刻与客户保持良好的关系，做到售前售后全心为客户服务。

该房地产企业，从对工程、设计的细节把控，对品质的严要求，到售前售后的细心服务，都为该公司的员工树立了良好的榜样。从上述案例中，我们可以根据相关场景总结对应的教学要点。

1. 细节决定成败

该地产公司一直追求"匠心品质"，匠心体现在细节上，从户型设计到品质施工，从选材用料到工艺工法,每个环节都要做到零失误,每个细节都要追求极致,用超越市场标准的产品让客户感受到公司对品质的用心和对客户的服务。

2.沟通增进感情

开发商和客户是紧密相连的,从最初的买房意向到最后的交房,甚至是交房后的一系列事情,该公司坚持无论何时都与客户保持良好的沟通,并坚信,沟通有利于增进两者之间的感情。

三、学习目标与交付技术相联系

通过学习目标确定了培训内容,以及如何评估学员的掌握程度,接下来需要确定哪种技术最适合目标。将学习目标和合适的交付技术相匹配的最好的方法是对布鲁姆教育目标分类法进行重新运用。

(一)对学习目标进行分类管理

教学设计是一种有目的的活动,它是达到终点的一种方式,这些终点通常被描述为教学目标。培训实践需要通过培训教学设计使学习目标成为可能。美国教育心理学家加涅把学习目标归为智慧技能、认知策略、语言信息、态度和动作技能这五种类型。

这些目标通过性能的学习而实现,性能的学习被认为是学习者的记忆存储发生了变化。加涅的学习目标理论依据,常被应用在企业培训和管理中,比如华为大学 C8 项目管理资源池培训项目。

C8 项目管理资源池项目与项目销售经理"将军池"项目、解决档案"重装旅"项目同属于华为公司三大战略预备队培训体系,是华为公司为加强业务前线,面向客户的"铁三角团队"专门开展的后备人才培训项目,C8 项目管理资源池项目以提升公司项目一线交付能力为主要目标。

针对项目管理资源池学习项目,华为总裁任正非明确要求:"项目管理资源池主要推动八大员的循环进步,倾向于以执行为中心……我们要考虑如何培养善于快速判断事故根因的专家,培训不是关起门讲课,而是参加实战,将军是打出来的,一定要上战场。"

C8 项目管理资源池学习项目组对此开展了一系列工作。首先,学习项目组对任正非等高层的内部讲话进行了详细解读,从公司整体战略层面把握学习项目的总体定位。其次,他们通过访谈、头脑风暴、问卷调查等多种途径收集信息与数据,调研对象覆盖华为高层、学员上级、学员本人、学员下属等相关人员。再次,他们收集并整理了业界标杆企业的相关经验。最后,根据需求调研所获得的资料和进一步的整理分析,C8 学习项目组确定了学习总体目标：以项目管理实战场景赋能，模板化标准统一作战语言；建立八大员协同意识，了解交付项目最重要的协同点及协同办法。

与一般教育发展潜在性能与倾向的目标不同，企业学习目标更具体和可预期。华为正是围绕可预期的学习目标，开展了一系列有价值的工作，促使最终学习目标的确定。

（二）确定合适的教学风格和方式

教学风格是培训师在长期教学实践中逐步形成的富有成效的一贯的教学观点、教学技巧和教学作风的独特结合和表现。在教学的过程中，我们可以运用不同的教学方式。在准备培训项目时，要考虑不同的可能性。针对每一个知识点，至少要有两三种不同的教学方式。

对于现在的教学方式，我们需要考虑的是，是否过于依赖某一种而忽略了其他方式，无差别的教学方式可能会影响培训效果。如果是这样，那我们应该为培训增加多样性、创新性、灵活性和影响力。

有了对问题的清晰界定，下一步就可以选择相应的学习形式了。个性鲜明的教学风格对培训具有十分重要的意义：它是提高教学效率的保障，培训师能熟练地运用特定的教学方式才有风格，培训师的熟练程度可以大大缩短学员掌握知识和技能的过程。

作为一家商业公司，华为的培训一直坚持从实践中来、到实践中去的理念。

华为的中国移动全业务小组在黑龙江和山东取得成功之后，组长张伟开始思考如何将成功的经验复制到其他省份和地区，毕竟不同地区不同项目的实际情况大有区别，只有把握其中共性与个性的关系，才能更好地将成功项目的经验复制和推广开来。

因此，张伟确定了两步走的基本思路。第一步是选定几个省份进行方案的试点推广，根据不同省份的情况制订策略，然后总结方案中的共性。就此他与中国移动的高层进行了深入的交流。第二步是建设解决方案能力库、案例分享平台和案例库，从更高和更广的层面去提升成功项目的可复制能力。

张伟选定了浙江和江西两地进行方案的试点推广与落地，及时总结共性，把握项目的个性。从高层战略到地市公司业务发展需求，从初具规模到全面领先的规划，终于形成了一整套方法论和解决方案。

之后，随着解决方案在各省份的顺利落地，华为海外各地代表处的项目也急切地期盼张伟能够将他的经验和方法推广开来。

在培训的教学方式上，华为也坚持从实践中来、到实践中去，强调学以致用。任正非要求，案例教学内容要根据实际业务需要去"裁剪"，要坚持实战实用的案例式教学，为前方的生产服务。也就是说，案例教学不能过于高深，过于理论化，而应该贴近实际，让所有人都能理解和参与进来。另外，培训还要有针对性，要立足于自身的业务，满足业务需求。

四、强化课程吸引力，规避注意力负载

我们的注意力受到很多因素的影响，对于感兴趣的东西，我们更容易集中注意力。因此，我们在设计培训课程时，要强化课程的吸引力，为学员创设能引发激情和兴趣的培训氛围、培训形式和具有高相关性的学习内容，从而激发学员的求知欲，增强学员参与培训的意愿。

但同时，作为培训师要注意，如果大脑在短时间内接收过多的信息，导致工作记忆超负荷运转，反而会造成培训效率低下。因此，培训师在传播尽可能多的培训内容时也要规避注意力负载的问题，防止培训结果适得其反。

（一）展示项目好处，吸引注意力

有医学专家研究表明成人可以轻松保持30~40分钟的持续注意力，可一旦专注时间超过一小时，大多数人都会感到疲劳。所以，在课程呈现时，每隔一小时，就要做一些轻松的互动或进行短暂休息，否则就会出现注意力涣散的情况，影响课程吸收率。

在整个学习过程中，注意力问题是最大的瓶颈，我们的注意力（包括范围和持续时间）是十分有限的，大脑接收的输入信息的数量始终远远超出了它的注意力范围。因此，培训课程必须能够吸引并保持学习者的注意力，否则学习过程就无法展开，项目将收效甚微。

针对这一情况，课程的第一步就是吸引学员的注意力，这是非常必要且关键的一步。所以，在培训开始之前，可以采用提问、列举令人印象深刻的信息、进行演示或分享视频等手段，吸引学员的关注。另外，教学游戏化可以使培训者通过游戏元素抓住学员的注意力，吸引学员积极参与学习。

除了在形式上尽可能多元化地吸引学员注意力以外，教学的关键任务是展示项目的各种好处，首先，所讲的内容应贴近学员的工作实际；其次，教学内容要丰富，最好引用其他标杆企业或大企业的案例来辅助培训，提高学员的兴奋度。

比如在不同阶段华为、阿里巴巴等知名企业都做了什么动作，对外宣称的是什么，而场面下的行动是什么，他们是如何响应对手的动作的？这样的案例既有很好的噱头，又有足够的复杂性，让学员的注意力始终集中在培训师身上，使学员的思路始终跟着培训师。

华为昆明代表处的员工曾反映：平常与客户交流沟通，聊专业的知识没有问题，但很

多时候也要聊日常生活,客户涉略领域广泛,这时就经常对接不上客户的兴趣爱好。

为此,昆明代表处开设了"滇峰大讲堂",让员工把自己相关领域的知识和兴趣爱好与其他人分享。每个人可以针对自己的情况,选择要听的课程,同时把自己擅长的部分变成一门课程,这样一来,所有人既可以是老师也可以是学生。

"滇峰大讲堂"的课程五花八门,什么都有,既有专业的通信知识,也有日常生活的小知识,例如普洱茶品鉴、塑形健身、玉石鉴赏、人工智能、移动应用软件的开发等等。

通过门类丰富的课程,昆明代表处员工不仅提升了专业知识,也很好地提升了个人素养,丰富了业余生活。员工反馈良好,认为通过这样一个平台,在轻松愉快的氛围中,能够快速学习、快速进步,增强了与客户交流时的信心。

丰富有趣的课程,不仅成功吸引了学员的注意力,而且也有利于学员将在课程中学习的知识和塑造的良好心态应用于工作中,从而实现职业成长和自我提升。

(二)合理配置课程的信息量

人类的记忆容量和信息处理能力都是有限的,大脑注意到特定信息之后,会将其转化为工作(短期)记忆。如果大脑在短时间内接收了过多内容,我们的工作记忆就会超负荷承载,大脑无法有效处理这些内容,这就是"注意力负载":短时间内接收过量信息使大脑失去处理能力。

换句话说,过多内容会导致学习效率下降。这不仅会影响学员记忆必要知识和学习基础知识,而且会导致学员的学习流于表面。由于学员没有足够的时间处理学到的知识,所以无法掌握深层架构。

当授课内容达到一定的负载量时,学员掌握内容的效果就会开始下降。在企业培训中,最常见的错误就是课程的信息量过大,而学员没有足够的时间把知识点串联起来。过分强调内容也会占用学员参与和实践的时间,而后两者是学习过程中的关键要素。我们可以通过一则小故事,了解信息量过载造成的不良后果。

著名作家马克·吐温有一次在教堂听牧师演讲,最初他觉得牧师讲得很让人感动,就准备捐款,并掏出了自己所有的钱。过了十分钟,牧师还没有讲完,他就有些不耐烦了,于是他决定只捐一些零钱。又过了十分钟,牧师还没讲完,于是他决定一分钱也不捐。当牧师终于结束了长篇的演讲开始募捐时,马克·吐温由于气愤,不仅未捐钱,相反,他还从盘子里拿走了两元钱。

这个故事告诉我们,内容过多或时间过长,都会引起听众的不耐烦或逆反心理。因此,在企业培训中,为避免内容信息过载形成反作用,培训讲师在培训过程中应注意以下几点:

（1）合理设置培训课程信息量，防止学习项目出现注意力负载；

（2）避免过分依赖音频、图像等形式，摒弃一切影响学员理解的内容；

（3）避免幻灯片中出现大量文字，文字内容会在演讲中削弱学员大脑的语言处理能力。

为实现最佳的培训效果，培训师应合理地配置培训课程，把控好课程内容和时长，帮助学员进行高效学习。

五、像学员一样思考，检查项目设计

在培训中，想要把学员培养得更优秀，对培训讲师来说，学会站在学员的角度思考问题是非常重要的。在课程设计时，注意到课程与目标学员的适应性，使其能够很好地被学员所接纳，这样的培训效果才会更佳。

（一）站在学员的角度思考学习流程

为确保学员在整个学习过程中的经历是完整的、一致的，培训人员做到"身体力行、感同身受"非常重要。该观念最初来源于夏皮罗、加兰和史维奥克拉三人合写的一篇文章，该文章发表于《哈佛商业评论》。他们认为：真正明白客户体验（及如何改善）的唯一方法就是让自己融入其中，感同身受。

换句话说，就是在学习和发展项目中，培训专业人员要时刻把自己想象成学员，共同参与到培训学习的四个阶段中。

从认识项目、课程学习、日后的在职应用到绩效改善，在每个阶段都要问一下：如果"我"是学员会怎么样。因此，作为培训专业人员要亲自跟进整个学习项目的过程，全程关注学习过程中的步骤、失败的频率、所处的困境、出错的地方、解决方法等，必须站在学员的角度去思考，真正帮他们解决问题，培训才能赢得他们的认可。

这给培训师提出了更高的要求，要掌握更多的方法、技巧，要储备更多的知识。从开场到主题内容讲解、互动再到结尾，都要精心设计，学员只有在课上有良好的体验才能将培训师所传授的内容最大限度地装进自己脑海里。一般来说成人学员经过多年的学习和训练，已经掌握了基本的逻辑规律。

入职仅仅三个月，王阳便要给华为某省公司的干部讲"华为管理实践"这门课。这让她颇有压力，担心自己不能讲好这门课，尤其在看到学员名单之后，她更加慌了，那些学员不仅比她大了近二十岁，而且职位也非常高。

在课程设计上，她思考了许多方面的问题。首先，她想到的就是如何跟高层级、高年龄的学员互动，因为只有形成良好的互动，培训的效果才有保证。否则，培训就干巴巴的,学员显然听不进去。其次,课程的内容如何取舍,这需要精准把握,既不能过于脱离实际,也不能只讲一些基础的内容。一连几天,王阳都在巨大的压力下对课程进行设计。

准备上课那天早上,她的主管给她发来消息,鼓励她说:"我相信自己的眼光才让你讲,按试讲的状态正常发挥就可以。"主管的一番话让王阳卸下了心里的包袱,在课堂上引经据典,发挥自如,还不时引得全场哄笑。许多学员都相当认可她的授课。

在开展课程培训之前,站在学员的角度考虑课程服务的对象特点以及企业开展培训的目的,这样开发出来的课程才更有针对性,才能不断地满足业务部门的需要。

(二)利用记忆辅助工具审核内容设计

AGES 模型是由美国神经领导力研究所的达瓦契及其同事提出的一种实用记忆辅助模型。AGES 代表了记忆中的四个变量——注意力(A)、生成(G)、情绪(E)、间隔(S)。这四个变量之所以能影响学习,是因为它们影响着大脑的海马体,而海马体在人体的记忆功能中扮演着核心角色。

注意力(AGES 中的 A)在人的记忆形成中起到关键作用。生成(AGES 中的 G)是指学习者自己建立新信息和已有知识体系之间的联系,如要求学员建立、归纳或增加他们的个人经验。深入学习不仅要求学习者提供有意识的关注,还需要学习者建立相应的框架,以便把信息整合为长期记忆。情绪(AGES 中的 E)是为了让学习的专业人士意识到情绪(积极或消极)对学习的重要影响(直接或间接)。适度的压力可以带来更好的学习效果,这一点与企业学习的联系在于,我们需要让员工意识到学习内容或行为与他们的成功或个人安全息息相关,让他们感受到一定的压力,同时还要注意"度"。

AGES 中的 S 代表间隔学习法:每隔一段时间复习一次。这种学习法可以避免注意力负载,推动精细编码。微学习(micro-learning,即短期、独立的课程)的原理之一,就是充分利用间隔学习法的优势。

六、搭建课程框架,优化课程内容

课程框架设计,是指将零散的知识素材按照一定的逻辑顺序规划好后会出现大量的知识点和内容缺失,这时应根据课程主题设计对应的课程内容,查阅大量资料并从有丰富经验者那里萃取宝贵的经验,以优化完善课程内容。

(一)多角度梳理课程逻辑框架

课程框架是一门课程的整体支架,课程无"框架"而不立,没有搭建起完整的整体逻辑性框架结构,再好的素材也无法被采用设计开发出好的课程,培训的有效性也无从谈起。

然而,从各个方面搭建不同框架有着不同的作用,将课程的背景、内容、目的和逻辑框架都整理在一起,就可以梳理出完整的课程大纲。

课程框架搭建的一个重要环节就是设计内容和内容之间的逻辑顺序。设计课程框架一般会遵循三个步骤:设定主题、细分章节、明确重点。

根据以上三个步骤,我们可以从多元化的角度梳理课程逻辑框架,常见的逻辑框架一般有并列架构、空间架构和心智架构。

(1)并列架构:把没有前后、上下关系的内容并列在一起,这样就形成了课程的整体架构,方便实用。

(2)空间架构:把同一类别的放在一起,然后并列排序。

(3)心智架构:一种用很强的心理逻辑构建出来的关系,让人无法跳出它的圈子,很完美、无懈可击,拥有极强的说服力。

从不同方面搭建的不同框架有着不一样的作用,以我们给澳优乳业美纳多公司办事处经理开发的"五步提升终端业绩"培训课程为例,将课程介绍、课程收益、课程目录整理到一起,在一定程度上就可以梳理出完整的课程大纲。

(二)与专家展开合作,优化内容

随着教学设计的过程变得越来越专业,培训领域变得越来越复杂,一种更加缜密和开明的整合内容专家参与合作的培训方式已经发展起来。现在,我们已经超越了主观直觉,拥有了内容分类、内容评估和内容评价专家的基础。

尽管内容专家在各领域有不同的职责,但内容专家在不同培训领域都发挥着重要作用,对把握课程具有前瞻性和专业性。有五种类型的内容专家:技术型、混合型、教学型、功能型和稽查型。

每种类型内容专家都有其自身的具体特点和作用,并以独特的方式辅助培训工作。

在搭建课程框架、设计课程内容的时候,内容专家把握课程的前瞻性和专业性。确定培训和教学经历与内容和最终的实施选择相关,是非常重要的。根据不同的培训需求,选择与之相匹配的内容专家参与合作,共同优化内容。我们以华为现场培训为例。

2017年2月,华为管理顾问黄卫伟教授来到心声讲堂,与华为的员工进行交流,讨论了华为公司在业务管理哲学等方面的话题。

有华为员工提问:当前公司已经明确提出已进入无人区,有观点认为所有的公司在进入无人区之后,需要从业务驱动变成技术驱动,才能在无人区继续引领航向,那么华为是不是也会从"以客户为中心"变成"以技术为中心"? 无人区的投入是否应该划定边界,只在边界内进行探索?

黄卫伟教授回答说,技术导向与客户需求导向并非完全对立的关系,而是一个对立统一的关系,技术导向是为了更好地实现客户需求导向,技术导向在一定阶段会转向客户需求导向。因为企业作为功利组织,必须要有利润才能生存下去。无论哪个企业,进行无人区探索的最终目的也还是满足客户的需求。

因此,华为作为一个企业,强调双轮驱动。既有面向客户的需求导向,也有无人区的技术导向,这两种导向如两个车轮,驱动华为不断前进。

而且,如奈特在《风险、不确定性与利润》中指出的,确定性的未来,华为能看到,竞争对手自然也能看到,那么利润就不会太高;只有那些不确定性的业务,利润空间才会比较大。因此,华为也好,其他企业也好,进入无人区探索的意义便在于此。

另外,对于无人区投入的边界问题更多的是看探索的方向是不是在主航道内,未来能否支撑业务发展,能否赚得足够的利润。当然,这些都是可以具体讨论的,不能一概而论。

其实在许多企业中,不仅企业的员工,也包括高层管理者,在企业发展到一定阶段时都有所困惑和迷茫,既看不清企业未来的发展方向,也不清楚自身的优势在哪里。

正因为如此,咨询公司应运而生。专业的咨询公司通过架构系统的逻辑框架,使用各种类型的解决和分析问题的方法、工具,并聘请那些在企业里有着丰富经验的专家,全方位地对企业当前的内外部形式进行分析,并从中立、客观的视角给出专业的意见和建议,为组织成员答疑解惑。

第七章　胜任力模型在场景化
学习发展体系中的应用

构建电力企业管理胜任力模型的目标是以应用为导向,因此其落脚点在管理胜任力模型的应用上。本章首先对管理胜任力模型的应用价值和应用范围进行概括,其次从支撑试题库建设、人才培训发展两个部分进行研究,最后对管理胜任力模型在人力资源管理中的其他应用进行简要的分析。

第一节　胜任力模型的应用价值和应用范围

既然构建的管理胜任力模型要注重其实用性,就需要了解管理胜任力模型的应用价值和应用范围,即胜任力模型可以怎么用。

一、胜任力模型的应用价值

(一)帮助企业实现企业战略的落地

企业战略是指企业根据环境的变化,整合自身资源,选择合适的经营领域和产品,形成自身的核心竞争力,帮助企业在竞争中脱颖而出。企业战略制订好后,需要落实为行动才能切实发挥作用。管理胜任力模型采用行为的方式描述绩优员工所需具备的关键能力。在构建模型时,可以将企业的战略通过演绎法融入到模型当中,将企业的战略落实到具体的行为中,防止企业的战略沦为"空中楼阁"。

（二）帮助企业建立统一的人才标准

人才是推动企业发展的原动力之一，因此，选好和用好人才就显得特别关键。选好和用好人才的前提是确定好人才的标准。企业的管理者在评价一个员工时，有时会出现这样的场景：管理者评价某个员工"表现挺好"，但是却无法说出"哪里表现得挺好"；或者一个管理者认为某个员工"表现挺好"，另一个管理者则认为该员工"表现平平"。这些场景的出现往往是因为企业没有建立起统一的人才标准，没有同样的"尺度"，自然无法进行有效的测量和评价。管理胜任力模型实际上是通过行为化的方式描述了胜任岗位的榜样，通过可以观察的行为为企业评价人才提供统一的标尺。

（三）指出员工职业发展方向

管理胜任力模型是通过系统的工作分析形成的。它的建立以满足公司战略对胜任能力要求为出发点，根据一体化岗位说明书，将管理胜任能力模型中的关键能力要求进行内容细化和等级量化，建立与管理胜任能力模型相对应的各类人员胜任能力评价标准。因此，管理胜任力模型对员工提升自身知识和能力水平提供了依据，提升了员工的职业素质，指明了员工职业发展的方向。

（四）通过应用管理胜任力模型全面提升人力资源管理水平

管理胜任力模型的本身只是提供了一种标准，但是将其应用于人力资源管理的过程中，其价值就不单单是一个标准，在应用的过程中会产生大量的附加价值，从而全面提升人力资源管理的水平。比如，将管理胜任力模型用于员工的培训当中。管理胜任力模型告诉企业具有什么样能力的员工才是高绩效的，从而企业在培训中可以做到有的放矢，就这些关键能力进行培训，可以节约培训成本，提高培训效率，为企业培养更多的绩优员工，提升企业的总体绩效水平。

二、胜任力模型的应用范围

胜任力模型的应用范围较广，可以贯穿于人力资源系统的各环节中。通过确定有效地完成工作所需的胜任能力，组织可以把员工招聘、培训与发展、绩效评估以及后备干部培养的重点集中在与组织目标和高绩效最为相关的行为和能力的提升上，从而大大提升人力资源管理的效率。

第二节　试题库建设

胜任能力评价试题库是电力企业开展管理胜任能力评价的基础和工具,对于考生,评价试题库是自我学习和提高的参考资料;对于评价师,评价试题库是工具,可以方便地在试题库抽题和组卷,组织开展胜任能力评价工作。

胜任力模型是试题库建设的基石,是试题库建设的前提和保障。试题库的建设采用通用的建设流程和方法,评价试题库主要包括三大模块:知识维度试题库、技能维度试题库和潜能维度试题库。试题库建设遵循"针对每一条评价标准的知识点进行试题开发编制",因此,试题库与评价标准匹配程度较高。题库的结构比较合理,不同的模块采用不同的题型,如:知识维度主要采用选择题、判断题、简答题等笔试型题目;技能维度主要采用实操和技术问答等操作类题目;潜能维度主要采用360度测评等评估类题目。

一、题库建设原则

评价试题库建设需遵循以下原则:

(1)规范性。试题库建设应采用统一格式规划进行建设,为试题库的信息化奠定基础。

(2)针对性。试题的编制应以岗位为基础,体现具体的工作内容,不能出现不符合岗位要求的试题。

(3)全面性。评价试题库以评价标准为依据,覆盖评价标准的全部评价内容,并且对应题量需符合公司的规定要求。

(4)实用性。评价试题能够反映被测评人员的评价能力,并且便于操作。

二、题库建设思路

以岗位评价标准为依据,建立评价标准与试题库的对应关系。即以符合评价标准的评价内容作为评价试题库的编制指导。

三、题库内容来源

题库内容主要来自管理人员平时的实际管理内容,可以是管理人员的岗位职责说明书、作业指导书、作业表单、工作规范规程、职业技能鉴定题库、相关专业书籍等。在选取题库内容时,要尽量保证题库内容与工作内容一致,避免出现评价内容与实际工作不相符的情况出现。

四、题库分类

按照"分人员类别、分岗位等级、分维度"原则,实现一体化、规范化。按照不同人员类别(岗位)分类,包括技能岗位试题库、专业技术岗位试题库、管理岗位试题库。按照不同维度分类,包括知识维度试题库、技能维度试题库、潜能维度试题库。

五、题库题型

试题库应该包括题目和答案两部分,涵盖单选、多选、判断、简答、论述、案例、识绘图、现场实操等各类题型。

知识维度试题库主要采用笔试题,每个评价内容不少于5题,不多于20题;技能维度试题库主要采用现场实操试题、技术问答、公文筐测验、工作实例答辩等,题目考核知识量大,要求每个评价内容不少于1题,不多于5题;潜能维度试题库应根据所采用的评价方法而定,可采用半结构化面试、无领导小组讨论等。

(一)公文筐测验

公文筐测验又称文件处理测验,在这种测评方法中,要求应试者在规定时间内对各种与特定工作有关的文件、报表、信件、电话记录等公文进行处理。考官根据被试处理公文的方式、方法、结果等情况,对其能力和个性特征做出相应的评价。公文筐测试通过对应试者的计划、授权、预测、决策、沟通等方面的能力,特别是针对应试者综合业务信息、审时度势、全面把握、运筹自如的素质的考查,来判断其作为高层管理者能否胜任。尤其是考查经理一级管理者的胜任能力。在实践中,公文筐测试主要用于评价、选拔管理人员,提高管理人员的管理技巧,解决人际冲突和组织内各部门间的摩擦,以及为人力资源计划和组织设计提供信息。

(二)半结构化面试

半结构化面试在面试构成要素中有的内容作统一的要求,有的内容不作统一的规定,也就是在预先设计好的试题的基础上,面试中主考官向应试者又提出一些随机性的问题。半结构化面试是介于非结构化面试和结构化面试之间的一种形式。它结合两者的优点,有效避免了单一方法上的不足。半结构化面试的方法有很多优势,面试过程中的主动权主要控制在评价者手中,具有双向沟通性,可以获得比结构化面试中更为丰富、完整和深入的信息,并且面试可以做到内容的结构性和灵活性的结合。所以,半结构化面试越来越得到广泛使用。

(三)无领导小组讨论

无领导小组讨论指由一组应试者组成一个临时工作小组,讨论给定的问题,并做出决策。由于这个小组是临时拼凑的,并不指定谁是负责人,目的就在于考察应试者的表现,尤其是看谁会从中脱颖而出,但并不是一定要成为领导者,因为那需要真正的能力与信心,还需有十足的把握。无领导小组讨论是经常使用的一种测评技术,采用情景模拟的方式对考生进行集体面试。无领导小组将一定数目的考生组成一组(8~10人),进行1小时左右的与工作有关问题的讨论,讨论过程中不指定谁是领导,也不指定受测者应坐的位置,让受测者自行安排组织,评价者来观察考生的组织协调能力、口头表达能力、辩论的说服能力等各方面的能力和素质是否达到拟任岗位的要求,以及自信程度、进取心、情绪稳定性、反应灵活性等个性特点是否符合拟任岗位的团体气氛,由此来综合评价考生之间的差别。

(四)工作实例答辩

工作实例答辩是一种对专业技术技能水平、解决问题能力,以及研究创新能力进行有效评价的方法和手段,其形式与半结构化面试相似。

通过工作实例答辩能获得丰富、完整和深入的信息,收集到的资料较为可靠,能够获得被试者的非言语行为。但是考官的态度会对结果产生影响,且应试者的信息主要是自己报告,可信度会受影响。

六、题库编制流程

公司按照"干什么?学什么?考什么?"的要求,以管理胜任能力模型为依据,建立各工种评价试题库,每项培训评价规范中的要素内容按等级要求的不同,对应相关评价试题。

(一)筛选内容

浏览管理胜任力评价标准的知识、技能部分的评价要素以及对应的评价内容,选择其中适合编制试题的评价内容。明确不同的评价内容采用不同的评价方式。比如有的内容适合笔试,而有的评价内容更适合通过实操进行考查。而且要通过专家或在职员工的讨论,确定每一种测评要素的权重,权重根据这一要素对胜任该岗位的重要性而定。

(二)收集资料

根据从管理胜任力模型中筛选的核心要素,收集以下相关资料,如公司规章制度,对应专业类别岗位的工作流程、工作手册、作业指导书或作业表单,对应岗位员工的工作报告等。

对收集的资料进一步筛选,可通过 STAR 方法对收集的内容进行筛选和加工,主要从以下方面开展:

(1)资料如果无法反映出任何测评要素,需要删除。

(2)资料太抽象或不够完整,应进行适当的补充完善。

(3)资料包含多个事件,需要进行适当拆分。

(4)事件描述太烦琐或过长,需要进一步加工和精简。

(三)编制试题

1.考题标题

通过明确专业技术人员考试的出题内容,对考题标题可以拟定为"如何……""……工作的注意事项"等。

2.试题正文

根据收集的相关资料,引用工作流程、工作手册、作业指导书或作业表单等来设置考题。试题目的要明确、角度要新颖、表达要适当;既要注重单项考核,更要重视综合考核。必要时,要组织专人出题、审查,确保试题质量。

3.设计评分表

评分表作为试题编制中的一环,在设计时须根据不同的题型设置相应的评分表,评分表应包括评分标准,即对不同要素进行定义,并对优、良、差进行定义,给出相应的分值范围。

4.考试场地及人员要求

候考室和考场应无声音和气味等干扰,温度适宜。考场布置整洁舒适,无其他不良信息,有办公桌、椅、笔、白纸等工具,以及计时器、电脑、投影仪和摄像机等设备。考评员通常为 3~5 人。

5.考核规范及要求

考核规范及要求主要是对考试试题的相关说明,包括考核依据、考核分值及考核评分标准等,比如在工作实例答辩试题中,考核规范及要求是对试题正文进行补充说明,并在考核过程中严格按照此要求答题。

6. 试题基本规范

采用国际通用的试题库信息化标准中的 ASI 模型作为格式标准,统一规范格式,为评价试题库的信息化奠定基础。每道试题,需按元数据对试题进行描述,其中约束性一列中取值为"M"的为必填项,取值为"O"的为可选项。

(四)设置难度

对评分标准依据、考核内容、评分说明、配分以及扣分标准进行说明。题库中试题考核什么知识内容,什么层次的能力,难度、区分度乃至猜对可能性有多大,入库前都要一一查明,而且,试题质量参数(难度、区分度等)的值,都应表达在同一度量系统上;对于不同级别的考生也要明确相互间的区分度。

试题库的难度设计应遵循正态分布原则,试题题目难度比例为容易(20%)、一般(60%)、难(20%)。难度系数以 $0 \sim 1$ 表示区间范围,数值越低的试题难度越大。

(五)存贮建库

存贮要有序。这个"序",既取决专业体系本身,又取决于考试性质、目的对题库统计特征的要求。要充分考虑按难度、按题型搜索调用的方便。

(六)动态维护

题库应具有动态性,应随情况的变化而变化,绝不是一成不变的。动态维护要经常检查试题的思想性、科学性,要根据专业职系岗位职责的变化调整、增删内容,要及时修订题库试题参数值。

第三节　基于胜任力的人才培训发展

一、从胜任力出发提升人才培训发展的有效性

企业的发展是战略,战略的核心是执行,执行的根本是人才。战略人力资源管理、人才管理、人力资本管理等一系列词语与财务管理、营销管理、技术管理一同成为企业决策

层的核心关注点,突显出企业对人的日益关注。罗伯特·卡普兰和大卫·诺顿的平衡计分卡模型将学习与成长列为影响组织绩效的四大因子之一。彼得·圣吉的《第五项修炼》让学习型组织的创建成为研究热点。这一切都说明,员工的成长与发展是企业现实的渴求。

对于企业来说,培训工作一直都是人力资源管理的六大模块之一,培训工作也一直在开展,从新员工入职培训到基层员工技能培训,到中高层管理者领导力培训都有覆盖。但是总体上来看,各企业培训的效果却参差不齐。像 IBM、摩托罗拉、通用这些国际企业,认为培训的投入产出费效比至少是 1∶3,因此培训费用较多,而且培训的实施操作、效果评估都比较规范。国际大公司的培训总预算一般占上一年总销售额的 1% ~3%,最高的达 7%。但是,国内很多企业的培训在现实工作中却遇到一些问题,导致培训部门成为"鸡肋"部门。领导认为这是花钱的部门,企业效益好的时候不受影响,一旦效益波动,培训部门便直接受到冲击。培训部门自身对于培训需求的准确把握、培训的有序实施等工作仍存在不少问题。而其他部门的很多人对培训则有错误的认识,他们不重视培训工作,要么不参加,要么"出工不出力"。这些方面相互影响、相互掣肘,导致培训工作很难达到预期的效果。

虽然面临很多问题,但目前国内企业总体趋势仍是在逐步扩大培训投入。一方面因为国内企业的快速发展;另一方面则因为企业管理者逐步认识到未来企业的竞争主要是人才的竞争,所以迫切希望培训工作能有效帮助企业建立人才优势。因此,从任何角度来看,培训的效果都是关于培训的一切工作的核心。目前最为常用的培训效果的评估依据是柯克帕特里克的四层次评估模型。

(1)反应层评估是指受训人员对培训项目的印象如何,包括对讲师和培训科目、设施、方法、内容、自己收获的大小等方面的看法,主要是一些主观性的感受。

(2)学习层评估是指对知识、技能等培训内容的理解和掌握程度。学习层评估可以采用笔试、实地操作和工作模拟等方法来考查。

(3)行为层评估指在培训结束后的一段时间里,员工的关键绩效行为是否有所改善。

(4)效果层评估即判断培训是否能给企业的经营成果带来具体而直接的贡献,即培训是否带来了工作绩效的提升。

从理论上看,这个模型是比较完备的,既关注了被培训者的主观感受,又关注到了其知识、技能的获得、行为的改变甚至是绩效的提升。但是,现实的情况是,根据这个模型,企业往往只能关注到员工培训后的主观感受如何,知识技能是否获得,而行为是否改变就很难评估了,更不用说绩效是否有因果性的提升。所以,通常的结果是,企业在培训结束后,培训部门会对被培训者进行问卷调查,但基本也就只能了解员工是否对培训的内容、形式满意,是否觉得讲师水平高等。因此,企业面临着培训效果评估难以精准量化的问题。

但是,这对培训效果的影响只是效果评估上的影响。换句话讲,培训可能产生了巨大的影响,但是通过这个模型和问卷的手段去评价,却很难准确量化。而真正可能导致培训没有效果的是培训需求的确定。如果对没有进行充分需求分析的培训项目进行评估,那么评估的结果多半是令人失望的。对许多管理层来说,培训工作"既重要又茫然",根本的问题在于企业虽意识到培训的重要性,但对自身的培训需求不明确。

培训需求的确定为培训的有效开展制订了方向,只有方向对了,才能谈得上有效。所以,企业在开展培训时,通常第一步都是培训需求的确定。但是做好这项工作却不简单,培训在中国企业兴起伊始,企业的培训需求甚至直接取决于培训市场课程的火爆程度。之后的培训市场又慢慢向培训讲师市场转化,哪个培训师名气大就请他来培训。这样的培训的有效性基本沦为空谈。

当下,很大一部分的企业在培训需求确定时,会从企业、岗位、业务与员工四个维度考虑,通常的做法是从其中一个或者多个角度来分析需求。企业层面的培训基本上是企业文化、企业规章制度层面的基础培训,通常是针对新员工入职时开展的;岗位层面的培训则是岗位相关的知识、技能、能力素质的培训,这是最为核心的部分;业务层面培训一般是针对与产品、服务相关的知识培训;员工层面的培训则是关注其职业生涯发展。这是一种比较全面的、科学的培训需求分析的方法。但是,效果如何还得看具体的操作过程。

对培训需求的制订,一些企业的做法是由员工本人提出培训的要求,部门汇总审批。还有一些企业是由部门领导直接提出,通常是领导认为下属需要提高的方面。

对于企业培训需求的确定,通常可以考虑两个方面:一是组织需求,从组织发展的角度看,员工在各岗位上需要什么能力,目前哪些能力需要提升;二是员工个人层面,从员工自己的成长规划考虑,需要提升哪些能力。科学的做法是,以组织发展需求为基础,兼顾员工个人成长计划,二者有机统一才能达到最为理想的效果。

二、组织层面的人才培训发展工作

(一)定标准

只有知道要什么,才有可能获得什么。对员工的知识、技能以及能力素质进行培训,首先就得对此有一个标准,对员工的知识、技能和能力素质的要求到底有哪些,它们应该达到什么样的水平才能胜任现在的工作岗位。只有清晰界定,才知道培训怎么开始,何去何从。

　　某企业是一家中部地区的国有大型化工企业。企业在快速的发展过程中,对于人才的需求量也越来越大,尤其是中层管理人员。但是受到各种原因的制约,人才补充的数量和速度远远跟不上企业的需求,导致人才拔高任用的情况出现。例如,由于缺乏车间主任,内部培养准备不足,外部补充不畅,便直接从科长"破格提拔",这样的情况普遍存在。为了不影响企业的生产,高层领导想到了培训,让"破格提拔"的中层干部先上任,再学习,快速胜任工作。

　　人力资源部门跟某咨询公司合作制订了培训方案。首先要摸清楚,这些中层干部到底需要掌握哪些知识、技能、能力素质。其中,知识、经验、技能是显性的、门槛性的要求,能力素质是隐性的、择优的要求。对于岗位的要求按照"知识""经验""技能"和"能力素质"进行分类,其中知识又分为专业知识和公共知识;经验从专业资格、学历、资格证书来区分;技能区分为专业业务技能与管理技能;能力素质包括中层管理者通用素质、专业素质和管理者个性方面的需求。并且,知识区分了掌握程度,有些要求精通,有些只要求熟悉;经验也有具体的要求;对于技能和能力素质的要求则可以根据企业的实际情况设置一定的水平。这样,既保证了岗位标准的全面性,又保证了可操作性。

(二)照镜子

　　标准就像一面镜子,照镜子则是要根据能力标准盘点员工的能力,找出其优劣势,以促其保持优势,摆脱劣势。从企业角度来看,只有了解了大部分员工的能力水平,并与企业制订的人才标准作比较,才能清楚地掌握目前企业普遍亟待提升的能力是什么,关键岗位人才的差距在哪里。从员工角度来看,与自己的职业生涯规划相比,在现阶段自己需要掌握什么样的能力,哪些达到了,哪些还需补充,怎样有效地提升自我。若二者能有机整合,对于企业和员工便是一个事半功倍的双赢的结果。照镜子,也就是能力素质盘点,其方法有多种,包括标准化的测量工具(如考试、心理测验等)、评价中心技术等。

(三)绘地图

　　员工能力盘点之后,可以获得其"能力地图",在此基础上,便可以绘制人才的"发展地图"或"学习地图"。

　　通常,企业或岗位的学习地图一般都是从两个出发点来设置:一是企业最关注的能力素质,也就是关乎企业核心竞争力的能力要求;二是某些关键能力素质。通过照镜子,可以盘点出企业员工需要重点提升的关键能力素质。绘地图也可以区分几个层次:一是根据企业的总体人员水平状况来制订学习发展方向和路径;二是在总体的基础上进一步区分岗位的特点,由此进行针对性设置;三是在前两者的基础上进一步结合员工个人的职业发展规划进行全面考虑。

(四)促落实

有了"发展地图",就为培训工作做什么、怎么做提供了方向。根据企业的总体培训方案、重点岗位或者个人发展岗位,选择合适的培训方式,将培训方案落地。

三、胜任力诊断

胜任力诊断就是对员工与工作相关的胜任素质进行剖析,就是照镜子。对员工胜任力的诊断既包括"冰山"上层的显性东西,如知识、技能等,又包括"冰山"下面的隐性东西,如个性、动机、态度、能力素质等。

因此,企业胜任力的诊断在实践中更多的是"冰山"下面的个性、态度、动机、价值观、能力素质等方面的诊断。知识、行为技能等通常是基础性的能力,这些能力往往会随着工作实践的增多而增加,但具备了这些能力也只能说一位员工是合格的,要成为真正优秀的员工,必须具备良好的能力素质、强烈的动机、匹配的个性。例如,要成为一名优秀的销售,需具备基本的人际交往知识、礼仪,熟练地掌握产品的功能特性,这是最基础的、必备的。但是仅仅掌握这些东西,显然并不能认为他就是一名优秀的销售,他还需具备很好的人际交往能力,如主动沟通的意识,表达、倾听以及沟通的策略,还需具备很好的抗压能力和耐挫能力等。

目前在人才评价领域,对于胜任力诊断的常用方法包括标准化心理测验、360 度测评、评价中心技术等。

(一)标准化心理测验

近年来,企业人才能力素质诊断也广泛使用心理测验。通过标准化的心理测验,全面评价人的能力、个性、动机等。这样,便可以了解一个人能力的优势与劣势,并提出有针对性的发展思路。

(二)360 度测评

360 度测评又称多元反馈系统、全方位绩效考核法等。它是由与被评价人有密切工作关系的多方位主体(包括被评价人的上级、同级、下级、自己、公司内外部客户、来自企业内部的支持部门和供应部门等)对被评价人进行全方位、多角度的评价的综合评估系统,从而全面、客观地搜集员工工作表现的信息,了解其优势和不足,并可以通过多次评价结果的连续跟踪和记录,帮助员工进行科学的自我评价,促进其不断成长。

360 度测评产生于 20 世纪 40 年代,最初被英国军方所用,从 20 世纪 50 年代起又被应用到工商企业中。它主要用于工作岗位分析和对管理人员的能力评价、筛选与安置。到了 20 世纪 80 年代,由美国的爱德华和埃文等学者在一些企业组织中不断研究,日臻完善。在《财富》杂志评选出的排名前 1 000 位的企业中,有近 90% 已将 360 度测评用于人力资源管理和开发,其中包括 IBM、摩托罗拉、诺基亚、美国联邦银行等。当国际上的许多企业采用这种评估方式并将自己取得的良好业绩归功于这种全新的评估方法时,360度测评的概念很快传入中国,越来越多的企业开始使用 360 度测评,尤其是一些大型企业、高新技术企业。但在实践中,许多企业并没有取得预想的提高组织绩效、增强组织凝聚力、促进组织变革等方面的明显效果。

360 度测评的核心理念是:①全方位、多角度的理念,评估者由上级、同事、下级、客户以及被评估者本人共同构成;②促进员工个人发展的理念;③重视信息反馈和双向交流的理念;④减少误差、实事求是的理念。360 度测评的理论基础是真分数理论,目的就是为了追求"真分",追求最小的误差,追求实事求是。

360 度测评的长处在于能恰当地反映被测评者的德行表现以及大家对被测评人表现出来的才能的认可,并且把定性评价工作用细化的指标进行量化分析,其结果可以进行排队比较。但其弱点是无法对被测评者的工作实绩进行评价,被测评者内在的性格特点和潜在素质也无法测评出来。

360 度测评的程序是设定测评用表—分组—确定参加测评人员—动员—发表—回收—数据录入—数据处理—出报告—反馈面谈。

设定测评用表是 360 度测评的基础。根据职位对被测评人的能力素质要求不同而设定不同的测评用表,不仅要确定评价项目或评价因素,还要确定各项目或要素的权重分值。一般从能力素质表现、品德修养表现、知识水平应用等方面来评价。

360 度测评是一项面向全员进行大范围评价的严肃性工作,涉及人员多、范围广,参加测评人员的基本情况、经历、所受教育程度及素质又不尽相同,而这些都将直接影响到360 度测评工作的结果。一般采取将被测评人分组,同时进行测评的方式。动员也是360 度测评的一个必要环节,通过组织者的有效解说,每个评价者都能理解评价工作,充分认识到 360 度测评的重要性和深远意义,自觉地参加这项工作,把自己对被测评人最真实的看法表现出来,使测评的结果较为客观公平。

360 度测评的核心技术是数据处理。首先,针对单个评价者而言,每个评价项目有各自的项目得分,总分为所有项目的加权平均值;其次,针对所有评价者而言,每个评价项目都有各自的平均值、标准差和变异系数；最后，还可进行 T 分数（类似于智商分数）转换，便于进行人员比较。可以说，360 度测评大量使用了数理统计分析理论。

（三）评价中心技术

严格来讲，评价中心技术是一种程序而不是一种具体的方法；是组织选拔管理人员的一项人事评价过程，不是空间场所、地点。它由多个评价人员，针对特定的目的与标准，使用多种主客观人事评价方法，对被试者的各种能力进行评价，为组织选拔、提升、鉴别、发展和训练个人服务。评价中心技术的最大特点是注重情景模拟，在一次评价技术中包含多个情景模拟测验，可以说评价中心技术既源于情景模拟，但又不同于简单情景模拟，是多种测评方法的有机结合。评价中心技术具有较高的信度和效度，得出的结论质量较高，但与其他测评方法比较，评价中心技术需投入很大的人力、物力，且时间较长，操作难度大。

评价中心技术又被称为情景模拟技术，通过创设一种逼真的模拟管理系统和工作场景，将被试人纳入该环境系统中，使其完成该系统环境下对应的各种工作。评价中心技术是一整套的对人的能力素质进行评价的综合技术，主要包括公文筐测验、小组讨论、角色扮演、案例分析以及管理游戏等。

1. 公文筐测验

公文筐测验也叫公文处理、文件筐测验，是评价中心中使用最多的一种测评形式，使用频率高达 80% 以上，也被认为是最有效的一种测评形式。其目的在于创造一个现实的环境来让求职者充分展示其才能。其基本方法是将某一特定层次的工作经常遇到的情况，通过案例公文形式让被测试者处理，通过直接观察其处理公文的时效和绩效，清楚地分析被测试者所具备的能力。测试中，将实际工作中可能会碰到的各种信件、便笺、指令等放在一个文件筐中（这些问题会涉及各种不同类型的群体、同事、下属以及组织外的一些人），要求被测试者在一定时间内处理这些文件，相应做出决定、撰写回信和报告、制订计划、组织和安排工作（求职者必须先按重要程度对这些问题排序，有时还要求写出具体措施。在测试中对每个人都给予一定的时间限制，偶尔还要被中途打来的电话所打断，以创造一个更紧张和压力更大的环境）。通过让受测者处理一系列文件，主试可以观察评价受测者的组织、计划、分析、判断、决策、分派任务的能力和对工作环境的理解与敏感程度。文件筐测验考查被试者的敏感性、工作独立性、组织与规划能力、合作精神、控制能力、分析能力、判断力和决策能力等，测的是受测者实际解决问题的能力，与通常的纸笔测验相比，显得生动而不呆板。

从测评形式上看，文件筐测验采用纸笔与面谈相结合的方式，可以多人同时施测，分别对个体行为进行直接观察。另外，检验的灵活性强，可以根据不同的工作特性和待测素质设计题目。最后，从测评结果的效度来看，研究表明文件筐测验与管理者的工作成绩相关性较高。

2. 小组讨论

小组讨论可以分为两种形式：有领导小组讨论和无领导小组讨论。有领导小组讨论是测试人专门指定某位被测试者为小组中的领导，负责主持整个讨论并最终形成决议。它能够测评出被测评者的各种技能，与实际情形较接近，但是这种方式因为要求每位被测试者都做一次领导，所以需要花费的时间较多。

无领导小组讨论是评价中心最具特点、最为典型的测评技术，也是一种十分常用的评估手段，适用于对具有领导潜质的人或某些特殊类型的人群如营销人员进行测评。测试时，安排一组互不相识的被试者(6~8 人)组成一个临时任务小组，并不指定任务负责人，在一限定的时间内对一给定的主题进行讨论，施测时间为 1 小时左右，最后拿出小组决策意见，并以书面形式汇报。例如 IBM 公司在无领导小组讨论中要求每个人必须对要提拔的候选人(常是虚构的人物)给予 5 分钟的时间介绍并发表自己的观点，然后在讨论中进行辩论。测试者对每个被试者在讨论中的表现进行观察，考查其在自信心、口头表达、组织协调、洞察力、说服力、责任心、灵活性、情绪控制、处理人际关系、团队精神等方面的能力和特点。

无领导小组讨论常用于选拔企业中的优秀人才，与其他测评工具相比，它具有以下优点：能检测出笔试和结构化面试所难以检测出的多种能力与素质；能观察到考生之间的相互作用；能依据被测试人员的行为表现对被测试者进行更全面、更合理的评价；被测试者的掩饰性较小，更易测出其准确的个性与能力；能节省时间，可以同时比较竞争同一岗位上多位被测试者；应用范围广泛，能应用于非技术领域、技术领域、管理领域和其他专业领域等。

3. 角色扮演

角色扮演是被测试者按照测试人的要求扮演某一角色，并进入到这种角色的情景中，由主考人员进行口试，从而了解被试者的思维能力、应变能力、口头表达能力、主动精神、政策掌握水平及言谈举止、仪表仪态等，也可向其阐述他现在所处的情景条件及需要解决的问题，然后要求他进入角色，进行即兴表演、问卷模拟(用问卷的形式阐述多种案例进行测验，要求被试者根据指定的社会角色进行系列回答)等，测试者通过被测试者在角色中的行为进行测评。

4. 案例分析

案例分析题是向考生提供一段背景资料，然后提出问题，在问题中要求考生阅读分析给定的资料,依据一定的理论知识,或作出决策,或作出评价,或提出具体的解决问题的方法或意见等。

案例分析题属于综合性较强的题目类型,考查的是高层次的认知能力。它不仅能考查考生了解知识的程度,而且能考查考生理解、运用知识的能力,更重要的是它能考查考生综合、分析、评价方面的能力。因此,案例分析是区分度很高的题目类型。当前,大型企业越来越重视舞台展示型的案例分析中涌现的优秀学子。

当然,案例分析也有它的不足之处,主要有以下三点:

(1)编制比较困难。案例分析题对背景资料有很高的要求,这给编制带来了较大的困难。

(2)在一份试卷中所占的篇幅或分数较大,但题量较小,因而影响到整卷对知识面的覆盖。

(3)评分上容易受阅卷者主观因素的干扰,所以评分者信度不宜高。

5.管理游戏

管理游戏是一种以完成某项"实际工作任务"为基础的标准化模拟活动。一般情况下是要求被测评者共同完成这项"实际工作任务",有时候还伴有小组讨论。测试者通过活动观察与测评被试人员实际的管理能力。在这种活动中,小组各成员被分配一定的任务,必须合作才能较好地完成它。有些管理游戏中包括劳动力组织与划分和动态环境相互作用及更为复杂的决策过程。通过被测试人员在完成任务的过程中所表现出来的行为来测评其素质,有时还伴以小组讨论。

管理游戏的优点是:能够突破实际工作情景中时间和空间的限制,模拟内容真实感强,具有浓厚的趣味性,具有认知社会关系的功能。当然,其本身也存在某些缺点:通常需要花费很长的时间去准备和实施,富有开创性精神的被试人员往往会因为处于被试地位而感到压抑。

在胜任力诊断中,每种测评工具的测评侧重点不同,因此,能够考查的胜任素质也有差别。比如,公文筐测验能够较好地考查决策能力这一胜任素质,却难以有效考查主动学习的能力。测评工具是测评标准落地的保障,即使胜任力的标准设置得再合理,如果测评工具不合理,测评的效果也会大打折扣。因此,在胜任力诊断时,需要根据相应的测评指标选择合适的测评工具。

四、构建学习地图

企业建立了优秀人才的标准,这是第一步,这使企业知道自己需要什么样的人才。这样的标准通常是基于企业战略、企业目标、企业价值文化、优秀员工的素质交集解构整合而来,因此具有极高的指向性。在此基础上,对企业现有的关键岗位或者全员进行胜任力评估,也就是照镜子,让企业知道员工总体水平如何,让员工知道自己离优秀的标准还差多远,从而找出需要弥补的部分或发展目标。

绘制地图,构建企业学习地图,可以规划员工学习发展的路径,保证学习发展有路可循。

（一）学习地图的概念

学习地图是一个比较新的概念,是国外研究和实践提出的,称为 Learning Map 或 Learning Path。之后这一概念被引入中国,受到热捧。很多企业甚至把学习地图当作解决企业培训难题的一把金钥匙,试图通过实施学习地图来全面提升企业培训的品质和层次。在初期的运用中,很多企业并不了解学习地图的内涵,而是跟随潮流,照葫芦画瓢,结果往往效果并不理想。现在,企业对学习地图的运用慢慢回归理性,认识到学习地图其实是一个体系工程。

学习地图是指企业基于岗位能力而设计的员工快速胜任的学习路径图,同时也是每一个员工实现其职业生涯发展的学习路径图和全员学习规划蓝图。基于管理胜任力模型的学习地图是最常见的学习地图。

最初企业的培训是以讲师以及培养资源为基点的,即企业有什么样的讲师,就开什么样的培训课程。这样的培训效果显然有限。而基于胜任力的培训,则是以员工能力素质要求为基点来规划培训体系,即员工的能力要求缺少什么,就培训什么。如果目前没有相应的讲师或者课程资源,就创造这些资源。并且,在众多需要培训的能力素质要求中,有的适合用集中授课的方式培训,有的适合行为化的培训,有的需要自我的反思总结等。因此,进一步发展的学习地图不仅仅是一个传统的课程体系,而是一个整合多种学习方式和学习资源的胜任力发展体系。无论是员工的晋级、转岗或者是更为长远的职业发展规划,在基于管理胜任力模型的学习地图中,均可以很容易地制订出学习计划。

（二）构建学习地图

学习地图的构建通常基于管理胜任力模型。在企业实践中,通常会有专业条线类的学习地图以及重点岗位的学习地图。这只是根据不同的对象而进行区分,其本质是一样的。

学习地图的构建,首先要做的就是管理胜任力模型的构建。在此基础上,有针对性地设计学习内容,并将这些学习内容和资源体系化。

根据学习地图在企业中针对的主体以及覆盖范围的不同,可将学习地图分为以下三种类型:整体型,即覆盖全员的学习地图;群体型,即仅针对部分关键群体的学习地图,如核心管理层、新员工等岗位;岗位型,即针对公司中的某一重点岗位的学习地图。三种类型学习地图的构建步骤都是相同的,包括岗位梳理、能力分析、内容设计、体系建立。

1. 岗位梳理

岗位梳理即通过明确岗位的结构、描述各岗位的工作内容及职责并对不同的岗位族进行划分,并最终梳理出对应的职业发展通道。通过岗位梳理,合并工作职责相近的岗位,划定岗位族,将大大降低课程库的冗余重复以及学习地图规划的复杂度。同时结合公司员工的职业发展路径,明确各岗位族的职业发展通道。

2. 能力分析

通过岗位胜任力的全面评估,构建岗位胜任力模型。运用多种工具进行胜任力诊断,找到胜任力的短板。当某些胜任力短板存在共性时,就是培训发展需要考虑的方向。

3. 内容设计

根据培训基点,确定每个能力要素的学习课程,经过课程整合之后,形成某层级客户经理的课程学习包,包括学习目标、学习要点和建议采取的学习方式。

4. 体系建立

按照职业发展路径形成相应的晋级学习包,依据岗位核心工作要点形成轮岗学习包。汇总"晋级学习包"和"轮岗学习包",根据员工不同职业发展路径的要求,可以将学习内容分为通用的新员工学习内容、初级员工学习内容、中级员工学习内容、高级员工学习内容以及领导人的学习内容,并可按专业业务条线划分。

至此,可形成清晰完整的企业学习地图。将岗位能力、学习资源和职业发展有机整合在一起的学习地图,对于企业学习发展以及培训管理工作而言,不仅可以在运营层面上进阶提升,更可以在战略层面上发挥卓越的功效。根据学习地图构建方法,可以将公司的战略地图转化为能力地图,再将能力地图转化为学习地图,从而把公司战略发展和员工能力提升紧密关联。

(三)学习地图的主要内容

学习地图的核心要素包括胜任力模型、职业发展路径和企业中的学习资源。

1. 胜任力模型

管理胜任力是一个组织为了实现其战略目标而对组织内个体所需具备的知识、能力和职业素养的综合要求。

所谓知识是指员工为了顺利地完成自己的工作所需要知道的东西,如专业知识、技术知识或商业知识等,它包括员工通过学习和以往的经验所掌握的事实、信息和对事物的看法;能力则是指员工为了实现工作目标、有效地利用自己掌握的知识而需要的能力,如手工操作能力、逻辑思维能力或社交能力等,通过反复的训练和不断的经验累积,员工可以逐渐掌握必要的能力;职业素养则是指组织在员工个人素质方面的要求,如诚实、正直等。

胜任力模型是学习地图的关键支撑,以职类、职种、职级为基础,明确不同职类、职种的员工在不同成长阶段的能力要素和主要行为表现,反映职业发展不同阶段的能力要求。可以通过与公司中高层领导、各职类、职种高绩效任职者、专家的访谈和验证基础上,运用工作流程分析、跟岗观察等多种分析手段,进行工作内容汇总整理工作,建立管理胜任力模型,确保其紧密围绕公司战略并具备以下四个特点:可衡量或可观察的、全面的、独立的并且具有清晰的描述。

2. 职业发展路径

职业发展路径通常划分为两种:一是按年龄划分;二是以能力为中心进行划分。从培训的角度来看,后者更符合学习设计的输入需求。按照能力通常可以将员工的职业生涯全周期分为四个发展阶段。在不同的职业发展阶段,由于员工个体知识、技能和职业诉求的差异,员工的行为表现也不尽相同。

新员工入职后,一般都会首先进入成长依赖期。在该阶段,员工担当"学徒"的角色,通过参与各项工作来辅助其他同事完成任务。因为专业技能水平尚未得到充分的训练,因此经常需要前辈和上级的指导。初入职的新鲜感和天然的渴望被认可心理会激发该阶段的员工产生高昂的工作热情并积极融入团队。

在经过一系列的培训和工作实践后,员工各方面都得到了提升,逐渐过渡到了独立贡献期。在这一阶段,他们在具体业务方面已经成了"专家",可以独立自主地完成分内工作,不再仅仅辅助他人。技能水平已经较为熟练,不再依赖督导,但是专家经验尚不够丰富,还不足以承担起教导他人的使命。工作热情则由初入职时的过分高涨转为积极稳健,开始注重对内树立信誉和威望。

再经过一段时间的积累,员工就迈入了第三阶段,承担起"教练"的角色。这时员工对专业技能的掌握已经到了精通的程度,对内可以用自己的知识和经验指导他人,对外则能代表企业洽谈业务;依靠建立起的内外关系网,教练型员工可以成为企业举足轻重的中坚力量。然而,绝大部分的员工在该阶段都会丧失原先保持的良好的工作热情,开始注重工作与生活的平衡,进取心减弱,最终受困于技术教练的角色而遭遇职业天花板。

只有极少部分员工才能步入最后的策划领导期。在该阶段,员工成为真正意义上的"领导",技术方面已经不需要关注细节,而是发掘更多的前沿和利润增长点。工作内容不再是解决技术难题,而是需要从全局上行使引导和指挥的权力,制订各种战略决策,为组织指明发展方向。成为领导后，自身发展与企业发展很好地融合，进一步激发了其职业进取心，发掘新锐后备人才也成了其重要使命。

3. 企业中的学习资源

绘制员工学习地图的一个重要环节，是按照能力提升需求为员工确定和开发相应的学习课程与培养方案。针对不同职类、职种、职级，基于胜任力的匹配，明确每个能力及能力等级对应提升的学习内容、学习形式和受众群体，梳理建立适用于各职类、职种和胜任力标签的核心课程体系。

首先要根据员工岗位的能力需求，从管理胜任力模型指标定义、行为描述提炼培训目标，基于培训目标从已有资源中匹配学习课程。对应企业中已有的课程，对于暂无的课程体系，需要进行重新设计开发。

对于无法匹配上对应课程的培训目标，形成培训课程大纲。具体过程如下：

（1）明确培训目标。首先明确某一沟通要素的指标定义和行为描述，根据行为描述确定培训的基本目标。例如首先给出能力要素"沟通协调"的指标定义和行为描述，根据行为描述得出沟通协调的培训基本目标是使得培训学员能够根据不同沟通对象，采用有针对性的沟通方式和技巧。

（2）确定课程内容。

（3）设计学习活动。

（4）形成课程大纲。

参考文献

［1］李发海,章利勇.组织发动机:中国企业大学最佳实践［M］.北京:电子工业出版社,2015.

［2］悦扬,李殿波,余雪梅.企业经验萃取与案例开发［M］.北京:机械工业出版社,2017.

［3］张诗信,秦俐.成就卓越的培训经理［M］.北京:机械工业出版社,2011.

［4］熊亚柱.手把手教你做顶尖企业内训师:TTT培训师宝典［M］.北京:中华工商联合出版社,2016.

［5］彼得·圣吉.第五项修炼:学习型组织的艺术与实践［M］.张成林,译.北京:中信出版集团,2018.

［6］埃尔伍德·霍尔顿.在组织中高效学习:如何把学习成果转化为工作绩效［M］.沈亚萍,刘争光,李冲,等译.北京:机械工业出版社,2015.

［7］鲍勃·派克.重构学习体验:以学员为中心的创新性培训技术［M］.孙波,庞涛,胡智丰,译.南京:江苏人民出版社,2015.

［8］张娟.基于组织胜任力的企业员工培训需求分析模型构建［J］.企业家天地·下旬月刊(理论版),2010(1):42-43.

［9］王绪辉.基于胜任力的员工培训对提升员工可雇佣性的影响研究［J］.黑龙江对外经贸,2010(2):145-146.

［10］龙江.基于胜任力模型的员工绩效评价［J］.武汉金融,2010(8):51-52.

［11］刘艳芳.知识员工胜任力模型研究综述［J］.现代商贸工业,2010(13):168-169.

［12］邓云.胜任素质模型浅评［J］.中国电力教育,2010(6):252-253.